生命，
因家庭而大好！

七感

50個遊戲提案×105個啟發感官技巧，
提升幼兒專注力、協調力、社交力，越玩越聰明！

遊戲教養

Sensory Play Education

陳婧 Tracy——著

目錄｜CONTENTS

Chapter 2
認識「七感」&促進感覺統合105個技巧

Chapter 3
來吧！探索你不知道的「遊戲」意義

Part 2

七感遊戲創意玩

——生活取材很簡單，放手讓孩子玩

chapter 4

觸覺遊戲

chapter 5

前庭覺遊戲

chapter 6 本體覺遊戲

chapter 7 視覺遊戲

chapter 8 聽覺遊戲

chapter 9

嗅覺遊戲

chapter 10

味覺遊戲

澆灌熱情與正能量的「七感教養」

邢嘉倩／香港言愛基金會負責人

人們常說：「小孩的大腦就像海綿一樣。」而現今很多研究也已經證實，孩子〇～六歲是對其成長發展最關鍵的「黃金時期」，它決定了孩子未來長成一個怎樣的大人，也影響他們會以杯子「半滿」還是「半空」態度來看世界。這令我回想到，在我自己的人生歷程中，也正是如此長大的。到了現在，作為一個成年人，也有了自己的孩子，我時常反思自己的童年關係，也不時思考幼兒時期如何影響我與我的孩子或其他人的相處。

要為處於黃金時期的孩子規劃有益成長的活動空間，仔細研究幼兒發展背後的理論和邏輯脈絡相當重要。有了這些知識和經驗，才能真正了解幼兒時期的決定性影響，從而找到最有力可行的出發點，為孩子營造合適的學習環境。

「感官接觸」是我們認識「世界」的第一步，而我亦深信這對我們情感和整體認知的發展有著長遠影響。人類帶著千百年的遺傳記憶而來，與生俱來的首要任務就是生存；而單靠視覺、聽覺、嗅覺、味覺和觸覺來求生，則是刻在人類骨子裡的本能。簡單來說，這是我們天生的運作模式，從原始時代就已經發展出來。因此，我們要避免七感變得遲鈍，就不可忽略它們的重要性。但可惜的是，隨著我們對現代科技日趨依賴，加上因應科技發展和生活模式轉變帶來的複雜環境，要營造有利於七感探索的天然學習環境變得越來越困難。

我與陳婧相識於二〇一三年，當時正值我以〇～六歲孩子為對象，在香港創立幼兒教育中心 Bebegarten 的初期。我一直以來的夢想，除了為孩子提供一個安全可靠、沒有壓力的校園，讓他們在黃金時期能健康茁壯地發展成長；也希望在認知到於現今世界成長的種種挑戰的同時，能本著「幼兒發展是一個自然歷程」的理念推動幼兒教育。

Bebegarten 的成功關鍵，在於我們才華滿溢的教職員團隊。我們積極從世界各地徵才，為的就是召集年輕創新的教育人才和滿腔熱忱的資深教師。陳婧在其中發揮了重要作用，以七感遊戲為重心，創立三歲以下學部，為日後的教學方向奠定了基礎。陳婧的七感教學理念和專注投入的態度，不但決定了我們學校大致的基因調性，也塑造了我們作為一個學習社群的模樣。

在陳婧的激勵和啟發下，引導我們的團隊將整個課程中最核心的部分實踐出來。對老師和家長來說，七感遊戲並非一種不經訓練就能自然而來的教養方法；陳婧在教學過程中一路懷抱熱情，接受並跨越途中的障礙，真誠地把她的知識傳授給身邊的幼教工作夥伴，並編寫出教師每天都能在課室中切實運用的實用課程。我們有著共同的信念，深信善用孩子的七感進行教養，將對他們的成長大有裨益。她幫助我們建造了一個充滿正能量的環境，每年在這裡接受教育的孩子和教師超過三百人。回頭看我們的築夢過程，陳婧實在是必不可缺的一分子。

世上擁有出色意念和充滿熱忱的人不少，但我相信並非所有人都能將其付諸實行。陳婧在《七感遊戲教養》中，以同理讀者的角度和實用的方式，闡發和分享她的所思所想。這本書象徵陳婧一路走來的血汗和眼淚，同時亦體現了她整合意念、以文傳意的寫作成果。

為我自己，也為這些年來我們學校無數的畢業生家庭，向陳婧說一聲：「謝謝妳，我們的老師。」

七感遊戲，啟發孩子感官健全靈敏

Ginny Humpage／英國早期幼兒教育博士

Ginny

我很榮幸能向教育工作者和家長推薦這本重量級著作《七感遊戲教養》。本人投身國際幼教工作三十年，近年取得幼兒教育博士學位。從我的經驗來看，坦誠地說，七感遊戲對幼兒的發展和終身學習能力極為重要；然而，我發現世界各地不少人對此有些誤解。其實，已經有重要研究指出，七感體驗對腦部及身體發展均能帶來正面影響，而我亦親身見證過一些案例，由於孩子缺乏透過遊戲訓練七感能力，以致後來在校內學習和日常生活上困難倍增。

在七感之中，每個感官系統各自對孩子的整體發展和身心健康都起著關鍵作用，而其中常被忽視的前庭覺和本體覺就如車子的引擎一般，支援身體各部位的工作，因此，保持七感健全靈敏十分重要。七感遊戲能促進孩子感官系統的發展，從而提升他們的語言力、社交力、認知、注意力、專注力、動作技能、表達力、協調力、體能和創意，而這些正面影響還只是冰山一角而已！

作為教育工作者和家長，我們都希望孩子快樂，也想為他們的人生鋪排最好的起點，給予他們所需的工具，幫助他們走向成功——無論於家庭或學校，以及在個人、社會和情感的層面。我在香港任職的融合幼兒教育中心，就是以七感遊戲作為課程設計的關鍵基礎。六年前，我們以「教育改革的典範」為宗旨開展教育工作。時至今日，我們豐富多元的七感活動，已讓數以

百計的孩子有所裨益，而這些七感活動和器材的設計和實行，就是源自於本書作者陳婧的啟發。直到現在，我們依然沿用這些教材和教學方案，並在過去幾年以此為本，為我們的教職員提供相關培訓。

陳婧投入推廣感官學習和七感遊戲多年，為我們在香港的教學團隊進行過無數次培訓工作坊，是這領域內一位啟發人心的培訓師、教育工作者和作家。從教師、家長到孩子，無一不會被她的耐心、熱情、知識、活力和人格魅力所吸引。

陳婧的《七感遊戲教養》出色之處是，本書內容相當容易閱讀、理解，可進而跟著書中的講解實踐出來。其中包含了不少精彩的案例分享，並輔以高質素的照片來協助說明每項活動的細節。陳婧曾為我們中心撰寫培訓手冊，至今我們仍然以此作為教職員培訓的教學素材。很高興這本書加入成為「新成員」，為我們的課程再度注入新的靈感和主意。

推薦序3

創造靈活有彈性的探索式學習環境

Shaun Chapman／北京著名國際幼兒園校長

「孩子的職責就是玩，而讓孩子從玩樂中得到啟發，就是我們要做的事。」這是我作為幼兒園領導者一直抱持的心法，也很驕傲我目前任職的教育機構擁有相同的理念，其中除了陳婧，大概沒有其他幼教人員比她更相信和奉行這套教育哲學。

在過去，我有幸與陳婧共事，期間見證她擔任班主任、工作坊導師、科主任和創意活動企劃，深刻感受到她無論在幼教行業的任何位置，都投入大量熱情和決心，致力將高品質教學融入七感遊戲，令學習變得觸手可及，並讓每個孩子都能透過實質的體驗具體靈活地學習。我認為，以「七感遊戲」為本的學習環境之所以深具價值，在於它對任何孩子來說都能輕易地理解和應用。

在現今世界，不論仍是幼童的新一代或成年的上班族，都要承受越來越多來自各方的要求。世界不斷往前發展、改變，那麼，我們能如何為孩子作最好的準備？我們怎樣才確保孩子所體驗的能對他們帶來深遠影響，並與真實的生活經驗緊緊聯繫？不少幼教人員——像陳婧和我在教育機構中的同事等——都透過發掘七感遊戲的多元價值，為幼兒創造靈活有彈性的探索式學習環境。不過，全球的教育工作者目前都被迫盡早把教學套入單一的標準規格，亦要保證落實採用分科教學。在幼兒階段貶低玩樂和即興發揮對學習的重要性，實在言之過早；很可惜，推

動這種看法和做法的始作俑者通常是決策者，鮮少是來自教育工作者自己的決定。

然而，實行這種教學方針，維持目前牢不可破的現狀帶來的後果，是我們孕育出只有單一答案和平面思考的孩子。放膽嘗試和體會失敗，能讓孩子真正了解「難」的過程；這些道理是老生常談，但多少孩子真正有機會檢視和反思自身的經驗，而非只能在老師或家長的要求下給出標準答案？

以創意玩樂和感官探索為基礎的學習模式，其關鍵所在，是它塑造了孩子最終的思考模式，開發他們的高層次思維能力。幼兒階段是孩子終身學習歷程中至為重要的一環，我們需要為孩子打好基礎，讓他們有充分的機會掌握不同學科——如文學、數學和科技等家長關心的學科——所需的能力。不過，這並不代表需要抱著過度補償的心態過分著力要求孩子，也不用因為著眼於最終的結果而過度擔心。相反地，我們只須順其自然地讓孩子遊戲玩樂，隨他們創造自己的答案，帶領他們進入感官體驗世界，打開全身感官，刺激他們大腦各個腦區的發展——聞聞顏料，嚐嚐顏色，地上打滾，盡情跳舞，用身體來探索世界。我保證用這種方式，你的幼兒能學到更多。就像廚師不會受限於只能用某些食材來做菜，整個廚房都是他自由揮灑的天地，那我們何故為孩子的體驗設限？

多年來，我以這種方式與不計其數的孩子教學互動，此書接下來涵蓋了全面的理論基礎和易於應用的遊戲活動，我相信對家長和教育專家等相關人士來說，《七感遊戲教養》都是必讀的基礎讀物。作為教育工作者和幼兒園領導者，我誠摯邀請你利用書上介紹的工具和知識，幫助你的孩子發掘這充滿驚奇的世界；而在這趟探索旅程中，你也很可能重新找回童心，重拾玩樂的興奮心情。相信我，你將會從中獲益不少。

「玩」出多元能力！「玩」出快樂童年！

許潔心／教育心理學家

很榮幸能夠見證著《七感遊戲教養》的誕生。從幾年前Tracy跟我分享這本書的構思，到後來她辭去了工作，專心一致實踐這個夢想，我都深深感受到Tracy對推廣早期幼兒教育及多感官遊戲的熱忱。

Tracy總是有一股魔力，能夠以快樂感染身邊的大人和小朋友。除了擁有開朗善良的性格，她還是一位知識廣博、能歌善舞的幼兒教育工作者，也是一位多才多藝、風趣幽默的好媽媽。她好像沒有停下來的一刻，滿腦子總是新計畫和點子。猶記得我們一起在國際幼兒中心工作的愉快時光，我們的雙手總是忙個不停，時而調調粟粉漿、時而弄弄能食用的七彩麵團，為學生準備多感官遊戲時，我們也玩得不亦樂乎！我極力推薦家長們跟孩子嘗試書中的各種遊戲，除了對孩子的發展有正面影響外，最重要的是，可以建立良好的親子關係。

作為教育心理學家，日常工作中會接觸到來自不同學校及家庭背景的學生。面見學生時，我會邀請他們跟我分享他們的作息時間、興趣和嗜好等等，讓我更了解他們。這幾年間，我發現不論小學生或中學生，超過一半學生的課餘活動都是打遊戲機、玩平板電腦、玩手機和觀看網上影片。這一代小朋友的「玩具」及「遊戲」全都電子化了，家長們也似乎習以為常，有些甚至會覺得子女除了電子產品外，任何玩具及遊戲都不會投入去玩。

還記得一位曾接受我評估的小學生，他每天都花上數小時玩網上遊戲。第一次見面時，他滔滔不絕地說出不同遊戲的玩法，可見已經十分沉迷了。第二次跟他見面，我帶他到了一間遊戲室，那裡擺放了不同種類的玩具，剛進入房間不久，他突然尷尬地問我可否去看看放在房間角落的那座玩具廚房，我點頭後，他隨即飛快地走到小廚房，專心研究不同的配件，還「烹調」了不同的食物給我「品嚐」。約見家長時，我雀躍地跟學生的媽媽分享這一幕，媽媽難以置信，並立即說兒子只是三分鐘熱度，因為過往她也曾經買過很多玩具給兒子，但他總是不到一天便把玩具丟在一旁。細問之下，原來媽媽絕少陪伴兒子玩耍，也不知道應該怎樣跟他玩。我建議媽媽每天抽出十五至二十分鐘陪伴兒子玩耍，除了電子遊戲之外，什麼活動都可以；不知道怎麼玩時，就讓兒子來主導吧！幾個月之後，媽媽興奮地告訴我，兒子比以前乖了，更減少了使用電子產品，甚至會主動請媽媽和他一起玩。我告訴媽媽，親子遊戲是建立關係的最好方法；良好的關係，對孩子的行為、情緒、安全感和自信心等都有正面的影響。

那麼，家長是否要購買大量的玩具給孩子？作為人母的經驗告訴我，最耐玩和吸引孩子的往往不是玩具，而是日常生活中的各種事物。這本書介紹的遊戲，很多材料都是家中常備的物品，不需要花很多時間預備，亦不用花費很多金錢，但卻能令孩子們樂透半天。

我的兒子跟女兒年齡相差五歲，妹妹一歲時，哥哥已經是小學生了，總不能給他們玩同樣的玩具。不過，唯獨多感官遊戲，可以讓兩兄妹一起玩得痛快，還能有所交流。兩兄妹最喜歡的玩意是一盤白米、不同大小的碗和勺子，妹妹時而摸摸、嗅嗅白米，時而用勺子敲打碗；哥哥則喜歡把小物件藏在白米中，再和妹妹一起尋寶。一樣的遊戲，每一次他們都有不同的玩法，小腦袋裡的知識庫，就是透過多感官的刺激，一點一滴地豐富起來。所以，想教育出聰明的孩子，請不要忘記「玩」的重要性，讓孩子有一個快樂的童年吧！

用心陪伴引導，多樣化遊戲刺激感官學習

鮑正敏／兒童行為治療師

從知道懷孕的一刻開始，父母就肩負起照顧小生命的責任。打從食物、衣服、居住環境，乃至管教方式等，父母都會盡力把最好的留給孩子。而在教育這一項，沒有什麼會比從遊戲中學習更為重要。

作為一個專業的兒童行為治療師，我真心推薦《七感遊戲教養》成為每一位父母的床前讀物。我跟作者陳婧曾一起從事幼兒教育工作，她對工作充滿熱忱，而且對幼兒成長的里程碑有獨特且深入的了解。書中提到的各樣遊戲，不只趣味性強，且對幼兒成長有莫大的幫助。

在我的工作範疇中，常碰到不同年齡的大小朋友有著各式各樣的學習和社交困難。比如說，小朋友可能因為年幼時沒機會觸碰到不同質感的物料，長大後就變得異常敏感，阻礙正常的社交活動與發展機會。又比如說，小朋友因為欠缺發展平衡力，在學校常常因為空間感較差，而變得比較笨拙，甚至遭受其他同學的嘲笑，從而引發到其他行為上的問題，而變相成為「問題學生」。

除此之外，幼兒的嗅覺發展，對於將來對事物的認知性及情緒上的建立有著深遠的影響。初生寶寶的視覺尚未發展完成，因此要依賴嗅覺來尋找安全感，只要聞到不熟悉的氣味，就很容易哭鬧不安。反之，只要初生寶寶於成長初期建立充足的安全感，長大後個性會偏向穩重且

有自信，交際自然就不成問題了。

成功建立了基本的安全感之後，父母就可以開始訓練幼兒的嗅覺。幼兒能夠從多次學習中學會判別物件及對該物件的感受，並與環境產生互動。幼兒接受嗅覺訓練的機會越多，嗅覺的靈敏度就會越高，對周遭環境的掌控也越好，有助提升判斷力的敏銳度。

至於聽覺，研究發現：媽媽的聲音不只可以安撫胎兒的情緒，甚至才剛離開母體的初生寶寶，便已經能辨認出媽媽獨特的聲音了。此外，寶寶在母體內因為不斷聆聽媽媽的聲音，同時也記住了語言句子的結構，能夠分辨語言與其他聲音的不同，奠定日後語言能力的基礎。除了語言之外，不同的聲音和音樂對寶寶也有很大的影響，能夠引起寶寶不同的情緒，例如聽到激烈的吵架聲，會讓孩子感到不安和恐慌；聽到歡笑聲，心情會變得興奮；而播放輕鬆的音樂，可以幫助孩子變得冷靜和安定等。因此在行為學中，很多治療師都會播放相關的音樂來加強治療和配對的效果。說到這裡，請回想一下，每當你聽到聖誕曲時，心情是否總會變得歡樂愉快，而且會勾起種種與節日有關的回憶，甚至有想致電親友的衝動？這都是因為我們的聽覺記憶體已經自動把特定的音樂和行為劃上了等號。

小朋友因為欠缺七感發展的機會，而變得有感官困難症，被誤會成問題兒童的個案比比皆是。這些都只是冰山一角的案例，在這些個案中，很多兒童行為上的問題其實是可以避免的；觸感遊戲就是我常用的治療方法之一。培養小朋友的七感發展，不但可以幫助孩子加強專注力，而且可以訓練孩子的獨立性，從而讓學習變得更得心應手。

其實，父母只要給予適當的陪伴與引導，與小朋友一起在遊戲中成長，便已經是最好的教育了。《七感遊戲教養》絕對能給予父母更多教育性強的遊戲新玩意。

在遊戲中，理解自己與世界的關係

黃佩儀／香港智樂兒童遊樂協會經理．專業遊戲工作培訓師

與Tracy的相識是在多年前的一個遊戲工作基礎課程中，當時我代表「智樂兒童遊樂協會」擔任課程導師，Tracy是班上的學員之一。與其他超過半數的學員一樣，Tracy是一位家長，懷著初為人母的心思，渴望學懂遊戲，為孩子帶來快樂童年。沒想到事隔多年，這位媽媽不但身體力行，更執筆寫書，積極與人分享「七感遊戲教養」，冀望以這份對遊戲的熱忱，能幫助更多孩子健康成長。

小朋友正是透過遊戲來探索周邊環境及認識世界。回想大家的童年，是否曾把手放進米缸內，手心執起一把米，覺得滑滑的（觸覺）；然後看著米粒從指間溜走（視覺）；或在下雨時，刻意用力地將雙腳踏在水窪上，看著水花四濺（視覺）及發出唧唧的聲響（聽覺）；甚至對著風扇發聲，聽著那扭曲了的聲音（聽覺）；愛美的女孩會穿起裙子，不停地轉動身體（前庭覺）……凡此種種，都是小朋友自我發明的遊戲，沒有成人教導或指引。

上述令人回味無窮的童年遊戲小片段，也是無數人的集體回憶。若不是一種天賦本能，實在難以解釋這種共通性，進一步更印證了遊戲是小朋友的本能，透過玩遊戲來理解自己與這個世界的關係。

遊戲在兒童成長的角色越來越備受重視，美國兒科學會於二〇一八年九月發表的一份期

刊指出，遊戲對於腦部發展有直接及間接的益處，並已證實能建構幼兒的執行功能（Executive Functioning），這些功能對於幼兒的成長學習及培養抗逆力帶來很大幫助，而這些能力更是二十一世紀所需的生活技能。

美國著名心理學家 Stuart Brown 多年來一直致力研究遊戲的影響力。在二〇〇九年出版的一本暢銷書中＊，發表了包括謀殺犯及諾貝爾獎得主等六千位人士的「遊戲歷史」的重要研究，指出遊戲對社交能力、適應力、智力、創意、解難能力的發展，均有著關鍵的正面影響。

以上的科學觀點可能令家長們熱血沸騰，腦海湧現為小朋友報名參加各種不同遊戲小組的大計，以遊戲作為鞭策孩子成長的工具。然而，這卻會適得其反，因為真正的遊戲，是由小朋友自身發起、控制和組織的……遊戲本身就是目的，而非達到最終目的的手段（United Nations General Comment No. 17, 2013），因此，家長們可以做的、更應該做的，是為孩子創造一個遊戲環境，本書正分享了如何運用不同的家居生活用品及物資，在家中創設好玩的遊戲環境。

最後，為家長們提供三個達到真遊戲的心得：

＊遊戲時遊戲，學習時學習，讓孩子全心全意地玩，不用刻意在旁引導學習。
＊孩子常會創造玩法，當出現遠超過大人預期的點子時，不要強迫孩子改變或跟隨你的方法。
＊家長請多觀察，在出手協助前，可先稍等一會，會發現孩子的能力遠比你想像的還高。

畢竟，上一代的父母也容許我們在遊戲中跌跌碰碰長大，而我們現在不也活得很好嗎？

＊Brown, S. L., & Vaughan, C. C. (2009). *Play: How It Shapes the Brain, Opens the Imagination, and Invigorates the Soul*, New York: Avery.

寓教於樂感官遊戲，親子同歡

李方／新時代傳媒集團總裁．加拿大中文電台總裁

受邀為 Tracy 寫序，等於我又見證了一次她的特別。

認識 Tracy 那年，她才十七、八歲，青澀卻也積極，小小年紀已有大將風範，陸續在我們溫哥華電台主持了「英語小教室」、「吹吹音樂風」等受歡迎的廣播節目。後來回到亞洲發展，也在 Hit FM、News 98 和 iradio 中廣音樂網，分別交出出色的主持成績單；期間亦開發出筆耕事業，從《衣比 YaYa》、《毒辣美國話》寫到《明星塗鴉秀》等多本著作，更參與流行音樂歌詞創作、音樂專欄寫作，多元發展，活力和實力，均讓人目不暇給。

幾年前，Tracy 曾邀我幫她寫一封推薦信，細問詳談才知道，嫁到香港的她，希望於一間頗負盛名卻非傳統式教育的幼兒園任教。老實說，當時我心想，雖然 Tracy 大學主修兒童心理學，但她的工作經驗和幼教完全搭不上邊，這信我該如何寫？直到收到她的簡介，方才驚覺，這些年她除了修過感統治療、音樂治療、遊戲治療、藝術治療，也精研過各種包括我聽過的蒙特梭利、高瞻，或者我沒聽過的瑞吉歐、特瓦奇幼兒教育系統，也在幾年間取得各種幼兒教育相關國際認證等身；甚至還在忙碌的人妻、人母、職場女性等多重角色下，為了瞭解大自然之花草、樹木、野菌、生態對兒童成長的幫助與啟發，專程飛到加拿大多倫多的鄉間森林學校，向世界知名自然教育學者取經。

諸多經歷若此，推薦函我當然寫了，她亦如願進入這間幼教機構發揮專長，幫助校方編制各類感官遊戲及幼兒體能訓練課程，更深受家長與孩子們的喜愛。

我個人的經驗：爸媽雖然貌似八爪魚，看似無所不能，但孩子一任性起來，或挑食、或過動、或注意力不集中、或卯起來不知所以的大哭大鬧，父母都可能手足無措，叫天叫地，不應不靈吧！人生沒有任意門，但若能有一本像 Tracy 的遊戲工具書讓我們照表操課，多好！

Tracy 這本強調寓教於樂的《七感遊戲教養》育兒寶典，值得期待！

在玩耍中學習，開啟無限潛能

盧春如／知名主持人．作家

每隔一陣子，我的最好朋友 Tracy 陳婧，就會從百忙之中神奇地又完成了一本書。

在認識她超過二十年的歲月中，我已經不知道自己友情客串在她的書中出現過多少次了。每次她找我寫序時，我總是一面打從心底佩服她，另一面又想用後母的口吻對她說：「有必要這麼拚嗎？忙成這樣還可以把書寫完，根本是拐個彎逼死像我這種生小孩後就沒多餘精力寫作的媽媽吧……」

偏偏，我認識的 Tracy，就是這種當媽前已經閒不下來，當媽後更加倍鞭策自己、提升自己的那種 Over-achiever。除了是兩個孩子的媽、廣播人、主持老將、創作人等，現在又多了一個專業身分——幼兒早期教育專家（Early Childhood Development Expert）。我只能說，我女兒的乾媽啊，算我服了妳，可以了吧！

其實，認識 Tracy 這麼久，我們從各自單身，成為廣播人，一起出書成為作家，感情好到搬家成鄰居，也從每天一起熬夜看恐怖片、一起培養黑眼圈的最佳夥伴，到一起投資開店做生意，直到後來她結婚生子搬離台灣，留我獨自單身在台灣。以前我常常百般埋怨 Tracy 不夠意思，離我如此遙遠……直到現在，連我自己也當媽了，才深深明白當媽的忙碌。即便如此，我們還是持續在彼此的人生中扮演著剪不斷、理還亂的親人角色。

說真的，單身時，我壓根沒想過任何跟小孩或如何培育下一代相關的事情，然而現在當媽了，我自己也深深體驗養育小孩真是門極大的學問。從女兒出生的那刻起，我就很自然地將我的世界中心完全轉移到她身上。每天看著她、陪著她，如何讓她在最自在、最無壓力的狀態下，快樂學習，開心成長，成了我最終追求嚮往的目標。

於是，擁有一位像 Tracy 這種「天生就對自己在意的事情永遠付出百分百熱情的全能媽媽」為最好的閨密死黨，讓我無意間獲得超多的育兒經驗與收穫。

看著 Tracy 多年來透過自己的親身投入，研究、嘗試，並且開發種種啟發幼童的求知本能遊戲，透過各種感官的刺激，用玩樂與鼓勵創作的方式來培養身心靈都快樂健康的下一代，讓當媽的我，也不知不覺愛上了這種與小孩一起探掘 7 Senses 的相處模式；透過歡樂的互動，一起幫小孩塑造更有創意、樂於學習的童年。

這次 Tracy 的新書，不只是長年熱情投入所孵育出的佳作，更是一本給予父母們各式各樣讓小孩邊學習邊玩樂的「幼兒潛能啟發指南」。

很開心，從此之後不須刻意安排女兒到 Tracy 乾媽家才可以玩到各式各樣的遊戲，因為有了這本書，就可以清楚地指示如何一步一步創造自己孩子的專屬玩樂學習空間。

真心希望越來越多孩子過著「在玩耍中學習，快樂健康成長」的生活。這樣一來，除了各位讀者爸媽與小孩有所收穫外，也不枉 Tracy 多年的辛勤付出與對教育理念的執著，讓她好好帶領著我們跟自己的孩子創造更多美好的回憶！

七感平衡，身心活躍、創意無限

馮穎琪／香港知名音樂唱作人

我本來應該是個怪獸媽媽。生於傳統家庭，爸爸媽媽兒時吃過苦，然後白手興家，安安穩穩。一家五口，我是大姊，父母對我的期望也大。記得我自小都頗頑皮，喜歡爬上爬下，專門教妹妹玩些不該拿來玩的東西。我會用衛生紙幫妹妹卷古裝髮扮小龍女；我們會披上毛巾拿著雞毛撢子扮香港小姐選美冠冕。後來弟弟出生了，我們三姊弟會玩些更激烈的，例如輪流扮道士捉殭屍。

回想這些片段，我發現讓我記起兒時的，並不是什麼高端玩具，當時亦沒什麼科技可言，但發現原來當時已經是創意無限，連爸媽都不知道有什麼玩意兒這麼好玩。我六歲開始寫歌填詞，我會為不幸迷路飛進我家的鳥兒譜曲；為了幫助自己考試前記住課本的內容，我會把課本內容放進兒歌調子唱起來，當時覺得好像用歌唱出來的記性好多了；話說，我是個左撇子，當時聽人家說左撇子是活動右腦的，於是，我才十歲就會自動自發用右手寫字，希望自己的左腦也能發達一點——當時家人沒有為我的創意太過雀躍。

在這個環境下長大的我，為了滿足爸媽的期望，大學完成了經濟與法律學位，成為了律師，但我一直念念不忘音樂才是我的至愛。在沒有鼓勵創意、玩意，只顧學術的社會裡長大的我，慶幸我沒有被淹沒，為著心裡那真正想走的路一步一步走過來；不知不覺，我從業餘的創作人

演變成為今天的我——創作人、製作人、經理人、策展人、表演者。在這個不容易自我尋找的過程裡，我發現，認真去玩的心態、認真去玩的過程，是不斷讓我繼續創作與打動別人的關鍵。求知、求變、求生，這是孩童有的本能，玩的時候就是這些技能發揮的時候。為什麼大人自己退化了的部分，也不讓孩子擁有？那勇敢無懼的自己，那對未來無限幻想的自己，去了哪？

成為了媽媽，也像任何媽媽一樣，對孩子的將來無限憧憬。兩年後，發現我的孩子不是一個平凡的孩子，他是一個特別需要愛和關注的小天使，而這位小天使讓我更明白，生活的學習、生命的鍛鍊，不是在光求成績、求分數的圈子去得到。當我們回歸身心最重要的元素時，你會發現，七感給每個人的訊息與整體的康健非常緊扣。我們的七感跟腦袋與身體是連成一線的，我們可以透過感覺與腦袋連結，也可以活動與訓練腦袋；而當七感得以平衡，生活與身心也得到平衡。我沒有資格成為怪獸家長，也慶幸上天賜我一條不一樣的路。

從兒子身上，我學會了很多以前沒有想過的東西。或許大人真的會忘記，幾年前，我希望運用兒子教會我的一些東西放進我的創作裡，也希望透過不一樣的音樂活動，讓孩子在傳統教育框架裡獲得難能可貴的一些互動機會。一段優雅的古典音樂配合柔軟的七彩絲巾，輕柔舞動中也帶有視覺觸動；拿著噴水的水壺隨著節奏起伏，也是給小孩練習說話的機會……你聽起來可能覺得奇怪，但是在孩子的世界裡，什麼都可能成為刺激他們幻想與互動的機會。

當時我很需要有心、有才華、有理念的夥伴一起並肩同行，一想就想到 Tracy，她除了是多年的好朋友外，最重要的是，她擁有這方面強烈的感應、專業的知識、各方面的文化藝術經驗，並身兼媽媽的角色，我們一起建立了不一樣的學前音樂教材及課堂新體驗。

所謂「三歲定八十」，我過了一半，明白人生旅程上有無限變數。小時候是給我們力量的重要階段，不應只著眼於物質或學術上的追求，能讓孩子在年幼時平衡健康地成長，並培養創意與能耐，去解決將來可能令人費解的人生問題，才是我們大人能送給下一代的最好禮物。

作者序

七感遊戲，開啟教養的另一扇窗

你好，我是陳婧 Tracy。這是我出版的第六本書。距離上一本書已經十五年，在這麼漫長的期間，生活起了許多變化，我的工作由廣播主持人轉為了全職媽媽，再成為現在的早教顧問，生活由每天的藝人專訪變成洗衣煮飯，乃至如今將七感遊戲教養的分享當作使命。這些奇妙的轉變，都從我大聲喊：「我要當媽媽了！」的那一刻開始。人生際遇真的很奇妙，往往緣分能把我們帶去不同的地方，給我們驚喜。

學生時期埋下「設計遊戲」的種子

在我十一歲的那一年，全家移民溫哥華。很感謝媽媽的堅持，讓我有機會在西方教育下成長。在那裡沒有教條式的教學，也沒有視考試成績為最大目標的教育系統，而是非常注重學生的個人思想及自由發展的創意玩樂空間。

在校園生活中，有機會讓我去嘗試任何事情，誤打誤撞選上了學校的學生代表，加入了學生會，開始為學校策劃各式各樣的遊戲及活動，讓各年級學生在課業繁忙之餘，還有機會玩得徹底，玩得痛快。遊戲活動從一年五次的學校舞會、搞怪睡衣派對，到午休大胃王比賽和丟蘋

果派大賽，應有盡有，要什麼有什麼。現在回想起來，原來當時已經埋下愛設計遊戲的種子。

為人妻為人母後，踏上幼教學習之路

上了大學，對心理學情有獨鍾，特別選了「兒童心理學」為我的主打，副修「家庭科學」。在學習的過程中，開啟了我對幼兒教育的興趣，理解〇～六歲兒童早期教育的重要性。大學畢業後，媽媽很篤定我回台灣一定會成為一位幼兒園老師，但卻沒實現，反而進入了廣播界。

在溫哥華唸書時期，加入加拿大中文電台當DJ；大學畢業後，回台灣繼續我的廣播旅程，經歷了Hit FM、News98全民廣播電台和iradio中廣音樂網。由於也熱愛音樂，這份工作一做就將近二十五年，我也在這份工作中遇到了另一半，說了I do，成了人妻。

結婚後移居香港，三年下了兩顆蛋，正式成為全職媽媽，每天穿梭在歡笑聲與哭鬧聲中……是甜蜜的負擔，也負擔得很甜蜜！當了媽媽之後，我重拾「兒童心理學」這門學問，希望用我所學為孩子帶來正面的影響。

全心投入學習後，才發現原來在幼兒教育這一領域，兒童心理學只是冰山一角，光靠它是不夠的。於是，開始鑽研各類的幼兒教育法，希望在當中有更多的獲得可運用在自己的孩子身上。沒想到一發不可收拾，我的幼教學習之路成了長城一般長！

開展視野，鑽研世界各地教育理念

學習之初，只是吸收網路上的資訊為主，但資訊品質參差不齊，於是決定回學校唸書，深

入學習。在短短幾年間，研究的範圍從義大利的蒙特梭利和瑞吉歐、德國的華德福，到美國的高瞻、紐西蘭的特瓦奇和英國的早期基礎階段；也進而發現，原來世界各地的教育已經遠遠超過了我所認知的。在每種不同的教育理念中，我看到許多共通點，或許能讓家長們開啟教養的另一扇窗，細節也會在此書一一與大家分享。

遊戲融入教學，在香港國際幼兒園圓夢

為人母之後，我希望能當一位稱職的媽媽，擺脫傳統教育，給孩子一個不同的成長環境。在柴米油鹽醬醋茶和奶粉尿片尖叫聲中，抽出些許時間去進修不同的課程。從感覺統合治療、藝術治療、音樂治療、語言治療、遊戲治療，到嬰兒手語、嬰兒按摩、幼兒瑜伽和奧福音樂教育，只要是與孩子相關的領域，我都希望能深入了解，而不是片面學習。過程中非常艱難，因為全職媽媽要唸書、做功課、交報告和實習，是必須把二十四小時當四十八小時來用。可能是個性好強，加上興趣濃厚，一個一個完成的課程，一個一個專業的國際認證，也讓我頗有成就感。最重要的是，能夠學以致用在自己的孩子身上，並看到正面的效果。

很幸運地，在因緣際會之下，有機會接觸到香港的一間國際幼兒中心。了解後發現，他們也正在推行新式非傳統教育，並將遊戲融入教學；理念相同的我們，一拍即合，而我也加入這個大家庭，成為一起為香港幼兒教育打拚的一份子。

在這間學校，有來自世界各地頂尖的幼教前輩，也有一些充滿抱負的新生代老師。大家一同打著「孩子優先，遊戲為本」的宗旨，在這間學校為孩子們打造一個創意無限的學習空間。

對我來說這是天上掉下來的禮物，終於能將我的所學發揚光大，從家庭延伸到更多的家庭——當年媽媽篤定並預言我日後一定是位幼兒園老師，現在終於成真了！

給孩子空間，發揮「玩」的能力

早期教育主要強調○～六歲的發展，尤其是設計各式各樣的遊戲，能讓他們多面向使用七個感官來學習。在教學的日子裡，我們提供孩子們許多遊戲的變化，看見了來自不同家庭背景的孩子、不同國籍，甚至雙重或是三重國籍的家庭，無論表面上、程度上、文化上有多麼地不同，他們都有著一個共通點，就是：「玩」的能力。

孩子在玩的時候，不需要言語的溝通——「玩」或「遊戲」的能力是孩子們與生俱來的。我們做老師的，就是創造一個安全、多元化、多創意、無設限的環境給孩子們，往往他們創造出來的東西會遠遠超過我們的想像。

經過了幾年實戰的經驗，希望可以把我的收穫與大家分享。於是，暫時辭去幼教的工作，專心寫書。同時，也成立了「亞洲嬰幼兒手語協會」，並積極推動「七感遊戲教養」的理念。現在，在家中，寫書之餘，每天樂得和孩子們一同遊戲，一起成長。

全職媽媽很帶勁，幸福每一天！

如今，兒子滿九歲，我稱他為猴子轉世，讓媽媽我整天一個頭八個大，也真正體會到男孩子皮、痞、屁到頂點的威力。女兒滿十二歲，我稱她為仙女下凡，每天感謝上天恩賜給我一個

懂事又貼心的女兒，真心覺得是上輩子修來的福氣。

全職媽媽生活是我的最愛，每天想著五花八門的遊戲是我的興趣，十八般武藝樣樣來，怎樣也不嫌累。想想，如果沒工作，我絕對可以是個稱職的小丑，現在我真的只差不會表演丟球和變魔術。

很多媽媽覺得我很瘋狂，但沒辦法，我就是有個停不下來的腦袋，轉呀轉個不停，常常越做越有趣，越做越成興趣。我想，有熱忱地去過每一天、做每一件事情，是很幸福的！

現在，回到了全職媽媽的角色，一年三百六十五天，全年無休，每天二十四小時，每分每秒，分秒必爭，使命必達，時時刻刻備戰，隨時隨地待命，這就是我當了媽媽之後的生活，累，但值得！

Part 1

七感早期教育

提升孩子大腦力，越玩越聰明！

〇～六歲是孩子腦部發展的黃金時期，
孩子在這個階段快速成長，
並透過身體不同的感官來認識這個世界。
在這關鍵時期，
父母們該如何陪伴孩子成長得更健全茁壯呢？
本篇從世界各地的教學型態來探討，
雖然教育理念各不相同，
但都環繞著「遊戲為本」的方式，
藉由「玩」，帶給孩子多元的學習體驗。

Chapter 1

豐富感官刺激，從〇歲開始的教育

經過科學研究證實，
剛出生的孩子已經有
視覺、味覺、觸覺、嗅覺、聽覺，
如果感官受到的刺激豐富，
大腦神經元細胞連結才能密集，
神經網絡也才能建立有意義的樹突。
因此，早期教育從出生的那一刻就開始了喔！
父母千萬別錯過孩子發展的黃金期才好。

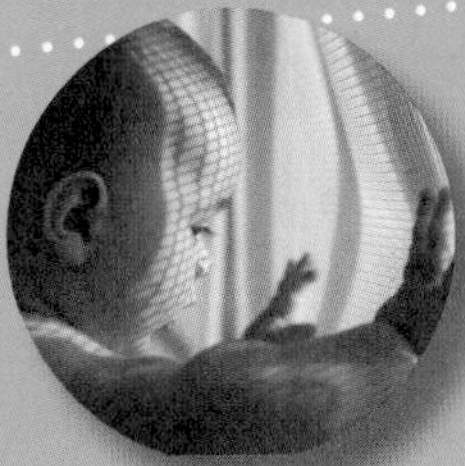

○～六歲黃金期，陪孩子多玩、多體驗

還記得剛當媽的時候，常常覺得不可思議，短短幾年之間，女兒就從還是個牙牙學語的小寶寶，迅速地學會三種不同的語言——三歲就能對答如流，還會說笑話。由於爸爸是香港人，媽媽我本身說國語，有時夾雜英語一起並行，自然而然，我們成了「三語家庭」。

在女兒成長的過程中，並沒有刻意置入些什麼，但孩子的腦袋裡彷彿有一個系統，將每天聽到的不同語言存放在分類好的資料夾中；當面對不同的人，就會提取不同的語言資料來進行對答。原來在孩子三歲前，我們家中對孩子的語言輸入相當豐富——有個逗趣的爸爸，時時刻刻和孩子聊天；而我則是隨時隨地拿本故事書說得天花亂墜，孩子也就不知不覺地全然吸收。可見，早期教育對孩子的影響非常重大。

我們經常聽到〇～六歲為大腦發展的黃金時期，孩子在六歲以前所獲得的各種能力，將會伴隨他們一生。〇～六歲之間，可以分成兩個關鍵時期：第一個重要時期是〇～三歲，幼兒大腦發展在三歲以前就達到成人的百分之六十；第二個重要時期是三～六歲，大腦發展可以達到成人的百分之八十，而十二歲時，便可達到成人的百分之九十八至百分之百。

第一次看到這個研究數字時，我著實嚇了一大跳，原來人說「三歲定八十」或「三歲定終生」，不是沒有原因的。許多

大人往往以為三歲小孩什麼都不懂，只要妥善照顧孩子吃喝拉撒睡就好。其實大錯特錯。經過科學研究證實，剛出生的孩子已經有視覺、味覺、觸覺、嗅覺、聽覺，如果感官受到的刺激豐富，大腦神經元細胞連結才能密集，神經網絡也才能建立有意義的樹突。因此，早期教育從一出生的那一刻就開始了喔！父母千萬別錯過孩子發展的黃金期才好。

至於大腦的發展好不好，該如何界定呢？怎麼樣才能刺激寶寶的感官？其實

只要父母了解一個原理，實行起來並不難——在〇～六歲關鍵期，大腦的細胞發育極為快速，父母盡所能地提供孩子七種感官刺激，就能讓孩子形成腦部豐富的網絡。

簡單來說，一位年輕媽媽認為孩子只要吃飽睡好，乖乖的就好。然而，長期把孩子放在同一個地方，看著同一面牆，活動範圍小，接觸外界少，語言輸入也很單向。另一位媽媽除了照顧孩子吃飽睡好之外，其餘的時間常常和寶寶聊天，和他唱歌說話，帶著寶寶到處走走，邊走邊介紹沿路風景；帶著寶寶聽著不同的聲音，觸摸著各種不同物件來認識這個世界。當兩個孩子到了三歲時，不難發現，孩子在語言、表達及認知能力上都出現明顯的差異。

由此可見，如果在幼兒時期缺乏富有刺激的環境，孩子的腦部發展可能無法良好，甚至受損，容易造成幼兒時期不善與人互動、不愛玩樂、不喜歡閱讀，日後也可能造成大腦無法快速吸收資訊，而發生人際關係上或語言學習上的困難，導致生活技能不佳。

父母從旁陪伴，給予孩子適當的感官刺激，多讓孩子接觸各類人事物，豐富他們的心，是絕對必要的事。當然，更重要的是孩子需要父母的愛，建立彼此親密的依附關係，讓寶寶有安全感，才會快樂的學習和成長。

世界教育各有特色，「玩」是最初的學習

相信許多父母和我一樣，希望挑選最好的教育方法給孩子。買了許多書籍來參考，也在網上瀏覽了各式各樣的教育資訊，結果往往無所適從。說到底，教育資訊從來都不匱乏，但是否適合自家孩子則是另一項大問題。父母在吸收資訊之餘，最重要的是先了解自己的孩子，進而再為孩子挑選合適的教育。

多年來，持續鑽研世界各地的教育理念，各個國家的方法雖然大不同，但卻都有著共通點，那就是「以孩子為本」、「從遊戲出發」，不僅尊重孩子的選擇，也給予孩子空間發揮；而這些，都是培養孩子成熟獨立自主個性的法則。

在此，特別提出一些重視感官發展的教育方法，擷取其核心精神簡要介紹，讓我們一起來看看，世界各地的教育理念各有什麼相似和不同之處。

義大利「蒙特梭利」

義大利蒙特梭利教育法（Montessori Education）是近十幾年在台灣非常受到歡迎的教育方式。它的歷史已超過一百年，一九〇七年由心理醫師瑪麗亞．蒙特梭利（Maria Montessori）所創立，目標是為了發展孩子們的感官、性格，還有實用的生活技能和學習能力。老師們鼓勵孩子接觸大自然，發揮創造力，主動參與活動並自己動手做。

蒙式教學的特色包含：混齡教學，讓不同年齡的孩子能互相學習；受嚴格訓練的老師，每一位都身為指導員，不隨意打斷孩子的學習，仔細觀察並做記錄，用謙卑的態度引領孩子，只有在必要時才會介入；使用特製的教具，這些教具都放在孩子能取得的架上，孩子自己選擇之後，開始「工作」。在蒙式教育中，所謂「工作」，就是孩子們專注運用著每一件教具，練習小肌肉，並透過不斷重複來達到自我修正並學習。

蒙特梭利教學法有句名言「跟隨孩子」（follow the child），一直深深地烙印在我的心中，也成為我教導孩子的方向。孩子眼中的世界跟大人們不一樣，有時不妨跟隨著孩子，看看他們如何帶給我們驚喜。

德國「華德福」

來自德國的華德福教育（Waldorf Education），給人的感覺是原始、溫暖、無壓力、無設限，是對孩子們有著正面影響的一種教育法。在一九一九年由魯道夫．史代納博士（Rudolf

Steiner）所創立。魯道夫認為一個人是由靈、魂、體三個元素組成，透過「慢學」、「慢食」、「慢活」，讓孩子自在地成長。

華德福教育主張學齡前階段的孩子，不接觸電腦、電視，既沒有課本也不寫文字，憑著說故事、唱歌、跳舞、玩遊戲和接觸大自然，給孩子機會探索自己的天賦。簡單來說，華德福教育認為「玩」就是孩子的學習；不讓孩子玩，有如剝奪他們學習的機會。

華德福教育也提倡利用所有感官來學習並參與生活。老師提供滋養感官的環境，幫助孩子們全面成長。校園裡有著一種特別的寧靜，環境中充滿著暖色系的配搭，有原木地板、手蠟染的窗簾或紗帳、各種布偶、毛線娃娃，以及孩子們的作品。教室四周可見的是用紙箱建造的房屋、木製玩偶、蜂蠟造模，或是孩子們撿回的大小石頭、木頭與花花草草。

一個舒適的環境，鼓勵孩子在自由活動中發揮創意，用身體感官去感受一切。學校尊重每個孩子的完整性及獨特性，希望培養出自由的人，讓孩子能夠為自己訂出人生方向，快樂地做自己。

英國「早期幼兒基礎階段」

英國的「早期幼兒基礎階段」（Early Years Foundation Stage），簡稱EYFS，這是已經在英國教育標準局註冊的〇～五歲必授課程。主張以「兒童為本」的教學模式，相信每個孩子都是最獨特的。透過「遊戲」和「玩樂」來學習，認為溝通和語言的發展、體能的發展，以及個人、社會和情感的發展，都是早期教育的根本，是孩子成長的必需。

另外，在文字學習上，EYFS鼓勵孩子們接觸各類書籍、詩歌，來點燃對閱讀的興趣；讓孩子透過探索及觀察，來認識物理、人文、地球上的事物，以及所存在的社會；讓孩子透過各種藝術、音樂、運動、舞蹈、角色扮演、設計，來分享他的思想和情感。而老師們要確保孩子是在一個愉悅、快樂、安全的環境下學習。

與其他教學法相較之下，EYFS會來得更有系統一些，在認識文字、理解數學及拼音寫字等，都有一定的教程，讓家長更容易掌握孩子的學習進度。老師們也須確保孩子們在進入小學前，能達到EYFS所設定的學習目標。

紐西蘭「特瓦奇」

「特瓦奇」（Te Whãriki）是紐西蘭教育部在一九九六年所編寫成的幼兒教育課程大綱，它不是學校裡的既定教程，而是提供幼教老師作為教育實踐的指標。

Te Whãriki 的命名來自於紐西蘭其中一種官方語言——毛利語，意思是「讓所有人站在一張編織草蓆」，意味著，「特瓦奇」是一個非常注重雙重文化的課程，希望接受教育的孩子們都能接受各種不同的文化觀點，用編織草蓆的方式，為孩子編織出具豐富色彩的人生。

紐西蘭非常注重文化的保存，當年第一個發現紐西蘭，並在紐西蘭定居的就是毛利人。雖然毛利人只占紐西蘭總人口的百分之十左右，但毛利文化卻深深地影響著「特瓦奇」幼兒教育課程大綱。

我們常說，孩子是一張白紙或是海綿，我們給什麼，他們學什麼。但是毛利人認為孩子並不是一張「白紙」，而是一個有自信、有能力的學習者和溝通者，我們要用各種可能的方法來賦予每個孩子力量，而不是改造他們。

「特瓦奇」課程大綱以「兒童為本」的理念，透過四個主要原則來進行：

- 給予兒童學習和成長的權利；
- 滿足幼兒全面學習和發展的需要；
- 家庭與社區應成為課程的一部分；
- 孩子透過與人、事、物的相互作用來學習。

「特瓦奇」還強調，在教學中，幼兒的健康要得到保障，情感需要健全的培養，孩子在家庭和外界需要受到肯定並有歸屬感，對社會有貢獻。

在幼兒學習中，創造機會多接觸其他文明的故事和符號，用各種不同的方法去創造和表達，讓孩子主動探索和思考，豐富對大自然、社會、物理現象、物質世界的了解。

在「特瓦奇」的理念教學下，孩子有機會透過感官遊戲去嘗試各類活動，老師和孩子同為草蓆編織者，期待著能成為替社會貢獻的人！

美國「高瞻學齡前教育」

高瞻（High Scope），又名「高廣度教學法」，是目前美國非常盛行的一種學齡前教學法，於一九六〇～一九七〇年間由大衛・懷特博士（Dr. David Weikart）所創立。高瞻的理論是以心理學家皮亞傑（Piaget）的認知發展理論為基礎，主要強調孩子如何透過主動學習和生活經驗，來培養獨立思考和解決問題的能力。

高瞻這種開放式架構的課程（Open Framework Curriculum），深受許多家長喜愛；學校每日的作息，就是從跟大人們的討論和計畫開始。孩子丟出各種想法，而大人的角色，就是支持、引導，但不控制，給孩子機會自己獨立做選擇，決定要進行遊戲的方式，讓孩子天馬行空的想法能落實。孩子自由地「工作」或「遊戲」一整天後，與大家進行回想——回顧當天的過程及學習。

這個「以孩子為中心」的教學理念，在教室的布置中，給予孩子各式各樣多功能又有趣的素材，每一樣都是在適當高度的架上能輕易取得；這些小物件沒有特定的用法，給孩子無限的創意空間，鼓勵主動探索，支持孩子自訂目標。

義大利「瑞吉歐」

瑞吉歐教育法（Reggio Emilia Approach）起源於義大利的一個城市——瑞吉歐・艾蜜利亞（Reggio Emilia），由義大利教育家洛利斯・馬拉古齊（Loris Malaguzzi）在第二次世界大戰之後所創立，有將近七十年的歷史。這是我近年來深入鑽研的一種教學理念，它最大的特色是：相信每個孩子都是獨一無二的；每個孩子都充滿潛能、才華和能力；只要大人給予機會讓孩子發揮，他們就能創造無限可能。

瑞吉歐教育法視學習環境為「第三位老師」，它非常注重人與人之間的交流，以及人與環境的溝通，鼓勵孩子在其中自由地探索，發揮創意，並建立關係，進而幫助身心成長及鞏固學習基礎；而環境所給予的學習，是無形但具有強大的影響力。

瑞吉歐老師的角色非常獨特，他們是孩子的學習夥伴，陪著孩子透過遊戲一起去發掘新世界。此外，「記錄」也是瑞吉歐教學的特色，老師在陪伴孩子摸索之餘，也努力記錄著孩子的學習過程，以保留孩子成長的一點一滴。

我熱愛瑞吉歐教育法創辦人洛利斯・馬拉古齊所寫的〈孩子的一百種語言〉這篇美麗的詩，內容提到，孩子有一百種無限可能，我們是否拿走了九十九種而扼殺了他們與生俱來的好奇心和學習力？我們現有的教育模式往往對於孩子過度規範，而抹煞了孩子

原有的想像力和創造力；瑞吉歐的理念則是要保護這些可貴的學習本能，以孩子為中心，以快樂成長為優先。

瑞吉歐的教室裡非常寬敞，課室之間隔著大玻璃，視野一望無際；牆上與天花板上充滿著孩子們的作品；架上有著各類與大自然相關的資源，如石子、樹枝、樹葉、黏土；布告欄上則是記錄著孩子們的學習過程。

瑞吉歐教育法的學習注重內在的品質，既不追求速度或節奏，也不在乎外在和目標。瑞吉歐教室常見的是燈箱、投影機，利用光的投射，讓孩子看見影子及透明物件在牆上的變化，引導孩子探究視覺效果。

我曾在一所採行瑞吉歐理念的幼兒園中教學，親眼目睹許多實例，驗證了感官學習對孩子的正面影響；也看到孩子發揮的不只是一百，還有更多——玩樂可以啟發更多可能性，讓孩子的一百種無限揮灑出來。在此，分享瑞吉歐教育法創辦人所寫的〈孩子的一百種語言〉，共勉之。

孩子的一百種語言

孩子是由一百所組成的
孩子有一百種語言
一百雙手
一百種想法
一百種思考方式、遊戲方式，和說話方式。
一百，一直都是一百
一百種聆聽、驚喜，和愛的方法
一百種快樂的方式，去唱歌、去理解
一百個世界去探索
一百個世界去創造
一百個世界去夢想。
孩子有一百種語言
（以及一百、一百、再一百）

但他們偷走了九十九種。
學校與文明
讓孩子身心分離
他們告訴孩子
不須動手做事
不須用腦思考
只要聽，不要說
理解的時候不須喜悅
愛與驚喜
只留給復活節和聖誕節。
他們告訴孩子：
去發掘一個已經存在的世界
孩子原本的一百個世界
被他們偷走了九十九個，
他們告訴孩子：

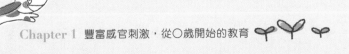

工作和玩耍
現實與幻想
科學與想像
天空與大地
理智與夢想
是無法共處的。
因此他們告訴孩子
一百不存在，
孩子說：
不，一百就在這裡。
——洛利斯‧馬拉古齊

放手讓孩子玩吧！

看了這麼多非傳統教育理念，哪一種最打動你，或最適合你的孩子呢？仔細探究，這些教育理念都有異曲同工之處，也都有一個共通的訊息，那就是：孩子是獨特的，孩子是有能力的，孩子是需要被尊重的；孩子與生俱來「遊戲」、「玩」的能力是不能被抹滅的。

身為成人的我們，只要給予孩子多一些空間，讓他們自主，也給予孩子多一些機會去主導；少一點批判，少一點框架，少一點介入，少一點控制，我們不難發現，孩子們多出來的，可能超乎想像，甚至會帶來驚喜！

教育不只是學習語言、算術和知識，更是學習做人的能力和健康的人生觀。孩子在幼兒早期發展迅速——〇~六歲是人格發展的黃金期，我們一定要好好把握啊！在這段時間用愛、寬容與空間和孩子相處；孩子在父母的陪伴下去認識這個世界，所得到的，會一輩子收在心裡。好的教育，要從小做起。來吧！讓我帶你一起暢遊此書，一起陪孩子遊戲吧！

Chapter 2

認識「七感」& 促進感覺統合105個技巧

一般來說，
大腦和身體的感覺統合過程，
有八成都是在嬰幼兒時期進行的，
所以早期嬰幼兒的感官學習如此重要。
如果七感統合不順利，
孩子長大後也會出現不同的感官失調問題。
本章節將分別探討七個感官的重要性，
讓父母們在設計遊戲時更容易掌握方向。

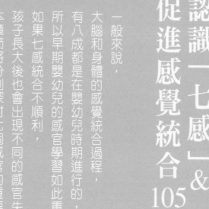

三大主要感覺系統

我們的身體與生俱來就有許多的感覺，包含：視覺、聽覺、嗅覺、味覺、觸覺、本體覺及前庭覺等，這七個感官所接觸到的所有訊息，都會經由神經系統傳達到腦部，再由腦部將這些感覺統合之後，讓身體做出適當的反應。而這些各樣感覺需要互相磨合，互相了解，進而整合，身體的運作才能順利。

在七個感官中，許多人認為最重要的可能是視覺、聽覺或嗅覺，但整個個體最需要的，其實是觸覺、前庭覺和本體覺，稱之為三大主要感覺系統。

觸覺系統

觸覺是最重要、最基本，也是影響力最強大的感官系統。我們的皮膚遍布全身，經由全身的接收器，時時刻刻以身體各部位來感受這個世界。我們透過觸覺來建立與身邊的人的親密關係（主要是母親），並且，也透過觸覺來建立：

❤**保護反應**：例如當一個人受傷時，身體會即時做出反應，透過輕觸、壓力、溫度、疼痛、振動、搔癢等感覺，懂得如何避開或是抵抗危險。

❤**區辨反應**：利用小手的觸碰，促進孩子對物體形狀、材質、大小、輕重的認識。良好的

觸覺刺激有助於孩子增加情緒穩定度，在處理精細動作時，能表現得比較專注且平穩。

孩子這輩子第一個最寶貴的觸感，來自於出生的那一剎那——通過產道時那種深層的擠壓，感受第一次的觸覺輸入——這個遍布著全身的感覺，是孩子一生中最重要的觸覺記憶，能帶給寶寶前所未有的安全感。而剖腹產的孩子，少了這個珍貴的觸覺輸入，建議父母在孩子〇～六歲階段，多給予大量的觸覺刺激來彌補。

孩子的觸覺系統一般在兩歲以前會建立完成，所以要把握嬰幼兒的黃金時期，給予多元化的觸覺輸入。

觸覺失調

孩子一旦觸覺失調，會帶來生活上的諸多不便。觸覺失調分為兩種：

❤觸覺遲鈍的孩子，通常在學習上比其他孩子落後，對身體的反應也較緩慢——跌倒了，摔跤了，流血了，可能反應不太大。父母須注意孩子是否觸覺失調，千萬別誤以為孩子是因為乖巧才不哭不鬧。

❤另一極端的觸覺失調是觸覺敏感。觸覺敏感的孩子，通常非常情緒化，愛哭愛鬧又易怒，情緒起伏大；由於對任何的觸碰都極為敏感，進而影響人際關係及發展學習。

觸覺失調的表現

觸覺失調有以下兩種表現，請爸媽們多加留意：

觸覺遲鈍（觸覺過弱）

❤非常熱愛觸碰身邊的所有物品。

❤睡覺喜歡咬被角、抱玩具。

❤很愛讓人抱，非常黏人。

- 喜歡咬手指，流血了也沒感覺。
- 對碰撞無感，卻喜愛強力撞擊的感覺。
- 感覺不到自己流鼻水或臉上有髒東西。
- 嚴重者，可能喜歡撞牆、用力咬嘴唇，或有自虐行為。

觸覺敏感（觸覺防禦）

- 不喜歡與人親近，害怕與人身體接觸，拒絕勾肩搭背。
- 不喜歡玩得髒兮兮、弄髒手腳。
- 不愛親吻，一旦被人親吻，馬上想清洗乾淨。
- 對某些布料極度敏感。
- 吃東西的口味特殊，對食材容易敏感，挑食。
- 到人多的地方容易焦慮，很怕壓迫感。

- 換尿片，或清潔鼻子、耳朵時，情緒非常不穩定。
- 抗拒洗臉刷牙，甚至不愛洗澡。
- 不願意用手觸碰軟綿綿、濕濕黏黏的東西。
- 不喜歡洗頭、梳頭、剪頭髮。

無論是觸覺遲鈍或觸覺敏感，在失調的狀況下，我們都須給予適當的刺激，讓遲鈍的孩子能慢慢有感，也讓敏感的孩子慢慢不懼怕。

強化觸覺系統的技巧

我的孩子是剖腹產，意識到感官失調的可能性，所以特別注重孩子早期的觸覺刺激。還記得在孩子年幼時，我常常帶著他們去逛街，在服飾店裡穿梭，陪著孩子觸摸各種不同布料的材質，並且陪著他們學習新的詞語，像是：刺刺的、毛毛的、粗粗的、滑滑的、亮亮的、軟軟的、硬硬的……等。總而言之，盡可能讓孩子全身的肌膚都可以有不同的觸覺體驗。

① 在各種不同的半液體上寫字。例如：刮鬍膏、布丁、太白粉水。

②在粗細不同的顆粒上寫字。例如：細沙、米粒。

③用軟刷輕輕刷遍全身，增加觸覺輸入。例如：可用小牙刷、軟菜瓜布、羽毛等，觸碰孩子各個身體部位。

④用海灘球壓身體，給予深層的觸感。例如：孩子躺在地上，用大型運動球重壓滾動孩子全身。

⑤帶孩子去海邊玩水、玩沙，做全身的接觸。例如：爸媽陪孩子在沙灘上挖個洞，接著，把孩子的身體埋入沙裡，或在淺灘的水中滾動。

⑥讓孩子多觸碰不同觸感的物件或材料。例如：製作觸覺小書、觸覺板。P.126

⑦利用麵粉製作不同軟硬度的黏土，讓孩子隨意搓揉。P.160

⑧利用蘇打粉加水，製作冰凍的「白雪」，彷彿置身冰天雪地。P.156

⑨用顏料做成不同顏色冰塊，在白紙上作畫。

⑩多用乳液按摩全身，多做肌膚接觸。

⑪接觸大自然，赤腳在草地上奔跑。

⑫帶孩子去樹林裡撿樹枝、樹葉，或摸摸不同觸感的石頭。P.148

⑬在陶土裡找出隱藏的小物件。

⑭蒙著眼睛，猜猜放在手上的不同物件。

⑮給孩子冰與熱的水瓶，感受溫度。

前庭覺系統

前庭覺是非常重要的一個感官系統，也是在所有感覺統合中最早發展的——當寶寶還在媽媽的子宮裡，就感受到媽媽日常生活中的移動、走動、晃動、搖擺。換言之，媽媽不知不覺地，在孩子出生前就已經在刺激著胎兒的前庭覺。

前庭覺是透過內耳傳達關於重力、平衡、空間和動作的訊息。前庭覺不良的孩子，肢體會出現許多限制，身體活動會受到影響，可能會走路不穩，笨手笨腳。由於與視覺

息息相關，前庭覺不佳，也會導致視覺很難跟隨移動的目標，目光不穩，對於孩子閱讀、抄寫，甚至坐下來或轉個圈都有許多障礙。特別是中樞神經系統貫穿前庭覺，除了身體協調能力差，連左右腦思考都會陷入混亂，甚至導致語言發展嚴重障礙，可見前庭感官的重要性。

前庭覺失調的表現

前庭覺失調有以下兩種表現，請爸媽們多加留意：

前庭覺遲鈍

♥ 隨時隨地都在動，抖腳、搖頭晃腦，或不停地自轉。

♥ 極度熱愛快速轉動的設施，例如旋轉木

馬、咖啡杯。

- 喜歡被拋在空中，欲罷不能。
- 持續不停地在彈跳床或沙發上跳躍。
- 非常愛冒險，喜歡從高處跳下或亂衝亂撞。
- 雖好動，但是運動神經明顯不發達，動作笨拙，準確性差。

前庭覺敏感

- 不喜歡去公園玩任何遊樂設施，只喜歡靜態活動。
- 重心容易不穩，走路常跌倒。
- 很怕跌倒，即便只是走在平坦的路上。
- 無法做太複雜的動作，因為牽扯頭部的搖晃。
- 不喜歡搭乘交通工具，容易暈車暈船。
- 非常懼怕高度，不喜歡雙腳離地，會感到焦慮。
- 突然被移動時，會受到驚嚇。
- 不願意跑、跳，或轉圈。

❤不願意做任何冒險的舉動。

由於前庭覺主宰了大腦的接收，幾乎所有其他感官的資訊都仰賴前庭覺輸入；如果前庭覺發展良好，大腦接收來自視、聽、嗅、味覺的輸入才會正確。爸媽可以鼓勵孩子多做前庭覺的練習遊戲，來加強前庭覺的發展。

強化前庭覺系統的技巧

①抱著孩子在搖搖椅上說故事。
②安撫孩子時，可輕微地左右搖晃，或做旋轉的動作。
③多去公園玩盪鞦韆、溜滑梯、蹺蹺板。
④帶孩子去騎馬、騎腳踏車、溜滑板、玩飛盤。
⑤在公園玩單槓，上下翻轉。
⑥坐或趴在運動球上跳動或左右搖擺。P.176
⑦在搖動中抓取東西，或進行投球的練習。P.172
⑧多多練習走平衡木，或跳彈跳床。P.192 P.246
⑨在地上做前滾或後翻的動作。

⑩可嘗試短時間倒立。P.204

⑪從草原斜坡上滾下去。

⑫滾棉被（側滾），讓自己被棉被包裹起來；接著，滾出棉被外，釋放自己。P.180

⑬在地板上用粉筆畫格子，讓孩子玩跳房子。

⑭讓大孩子嘗試頭部不停變換位置的遊戲，例如：兒童雲霄飛車、咖啡杯、充氣滾輪。P.200

⑮在家中布置紅外線網，讓孩子穿越，成為一個稱職的小特務。P.226

本體覺系統

本體覺主要是經由關節、肌肉或骨骼來接收訊息，是所有感官中最慢成熟的一個感官。如果其他感官失調，本體覺便無法透過身體動作來接收最基本的資訊。

本體覺如果運作正常，身體便能輕鬆地做出不同動作，肌肉能正常地收縮，關節也能自由地活動。但如果本體覺失調了，便會影響視覺、知覺和空間概念的發展。例如，此刻你可能正蹺著腿，坐在椅子上，背靠著椅背，不自覺又輕鬆地做出這樣的動作——那代表著你的關節、肌肉發展良好，很清楚地傳送信息給大腦；你

不須刻意花費精神，便能做出這樣的動作。

本體覺讓我們感覺到自己的存在，但如果孩子的本體覺發展不足，與其他感官溝通不良，就會產生一些不自主的行為：輕微的是，動作不協調；嚴重的話，會不斷地拍打自己、咬嘴唇、用身體碰撞牆壁，或不自覺地抖腿等，來尋求刺激並確認自己的存在感。而這些在大人眼中的壞習慣，必須透過本體覺的訓練來慢慢改善。

如果想體驗本體覺不足，現在你只要閉上眼睛，去做一些日常生活每天都會進行的活動，例如：刷牙、洗臉、穿衣，應該不難發現，因為缺乏視覺的輔助，許多動作要花很大的力氣去完成，這就是本體覺發展不良的孩子的難處。

其實本體覺並不是出生就有的，而攸關

孩子成長的過程中，在家中或學校是否有給予適當的本體覺刺激。

在幼兒時期，照顧者應給予適當的空間，讓孩子練習翻、滾、爬、走、跑、跳；大一點的孩子，多讓他們在公園溜滑梯、盪鞦韆、走平衡木或跳繩等。此外，訓練孩子的自理能力，也與本體覺的發育有關——自己咀嚼食物、自己洗臉洗手、用筷子吃飯、綁鞋帶，都是增強孩子本體覺的重要方法。

現代許多父母對孩子過度保護，其實是變相剝奪孩子發展的機會，導致孩子的感官發育不良。例如：長時間把食物剪碎，孩子無法鍛鍊口腔肌肉，長大說話變得口齒不清；怕孩子

有危險，時常抱在手上，或讓孩子長時間留在遊戲床裡，而減少活動的機會；溺愛孩子，許多事情都由父母代勞，導致孩子缺乏身體鍛鍊，衍生出身體的靈活性不佳，孩子對於自己做不到的事情，自然產生了心理壓力及生理壓力——這些父母的愛護，反而成了孩子學習的絆腳石。相反地，本體覺發展良好的孩子，身體機能好、有自信、學習能力強。

總之，本體覺發展得越成熟，個人的感覺統合能力就越強，在生活中更得心應手。

本體覺失調的表現

本體覺失調的表現只有反應過弱。

- 手腳笨拙，動作緩慢，容易迷失方向。
- 無法持續一個動作太久。
- 喜歡邊走路，邊跺腳。
- 喜歡拍打自己。
- 喜愛任何擠壓的動作，例如：熊抱。
- 喜歡拿玩具用力敲打。

- ❤特別愛假裝跌倒，藉此感受重摔的滋味。
- ❤特別喜歡磨牙。
- ❤愛咬東西，例如：吸管、杯子、鉛筆或袖子。
- ❤發音不標準，口齒不清，語言學習緩慢。
- ❤穿脫衣服動作遲鈍，對於扣鈕扣、拉拉鍊、綁鞋帶感到困難。
- ❤上幼兒園仍不會洗手、擦臉。

強化本體覺系統的技巧

①嬰幼兒時期讓孩子多爬行。

②四歲以上的孩子，在爬行時，可於背上加些重量。

③與孩子玩追趕跑跳碰的遊戲。

④讓孩子鑽過紙箱或爬過小隧道。P.214

⑤模仿動物，例如：螃蟹走路、青蛙跳或蜘蛛爬網。

⑥給孩子玩彈跳床，強壯骨骼。P.246

⑦可鼓勵孩子幫忙搬東西，或提有重量的物品。

⑧利用「推」或「拉」的方式移動重物。

⑨跳上大型懶骨頭（豆袋）或軟墊。

⑩在直立的板上寫字，鍛鍊上手臂肌肉。

⑪攀爬繩網、吊環及單槓。P.208

⑫按壓關節，或以彈力球、大沙包壓身。

⑬給孩子一件很小的衣服，玩掙脫術。P.234

⑭玩人力手推車，雙人合作遊戲。P.250

⑮鑿冰，救出冰凍玩偶；或鑿石膏土，找尋恐龍化石。P.230

其他感官

在感覺統合中，觸覺、前庭覺、本體覺為三大主要感覺系統，但少了其他感官，七感統合仍舊無法進行。換言之，三大感覺系統也需要視覺、聽覺、嗅覺和味覺感覺系統來相輔相成，才能達到最理想的狀態；其中，又以「視覺」最為重要。

視覺系統

眼睛是我們的靈魂之窗，人有將近百分之八十的信息來自於視覺。視覺的功能是用眼睛來了解周遭環境，進而與世界做互動。嬰兒時期，在其他感官還沒發育完成或需要發揮作用時，孩子大多仰賴視覺與世界接觸。一個月大的孩子，視覺逐漸發展，能看

到光線；到了兩個月大，孩子慢慢能看見二十公分以內的物品，也能進行基本的視覺追蹤；四個月大，已能分辨遠近，開始玩弄自己的手腳；到了五、六個月大，視力開始有立體感出現，能分辨人們的長相，也因為這樣，開始認人，只想給媽媽抱，不讓轉手他人。漸漸地，視力越來越成熟，在一歲時，已經發展完全，能順利控制雙眼，培養出手眼協調的能力。

良好的視覺能輕鬆地聚焦，追蹤移動的物體，分辨顏色、亮度；若視覺失調，便無法好好地閱讀、抄寫課文，或警覺正在向你飛來的危險物品。因此，從孩子出生到一歲前，給予適當的視覺刺激，是非常重要的。父母在家中也須注意孩子的視力，別讓孩子在太小的年紀接觸近距離的視力活動，以免造成眼睛問題，影響七感發展。

視覺失調的表現

視覺失調有以下兩種表現，請爸媽們多加留意：

視覺遲鈍（視覺過弱）

- 無法辨別物件的距離，經常撞上障礙物。
- 無法分辨顏色。
- 認字能力非常低。
- 欠缺視覺追蹤的能力，左右不分。
- 無法視覺追蹤，所以抄寫課文非常困難。
- 常常把字寫反了，或寫出格子外，卻不自知。
- 閱讀時，常常漏字或跳行。
- 無法找到相似圖片上的差異處。
- 無法模仿別人的動作。

視覺敏感（視覺防禦）

- 總是避免與人眼神接觸。

- ❤喜歡在昏暗的地方玩。
- ❤對明亮的光線敏感，經常揉眼、瞇眼或流眼淚。
- ❤無法專注看一個東西太久。
- ❤無法模仿別人的動作。
- ❤容易因為任何移動的物件或形體而造成分心。
- ❤短暫看書、用電腦後，眼睛極度容易疲累。

強化視覺系統的技巧

①在嬰兒時期給予黑白圖卡，學習察覺光暗變化。

②陪著孩子觀察路上來往的車子，順便認識顏色。

③拿著任何吸引人的物件，在孩子面前移動，進行視覺追蹤。

④在黑暗的房裡，移動手電筒的光，讓孩子追蹤。

⑤和孩子玩拋接球的遊戲，訓練手眼協調。P.222

⑥丟擲小沙包到不同遠近的容器。P.172 P.176

⑦吹泡泡、追泡泡、用手搓泡泡，加強視覺專注力。

⑧在家中飼養一缸鮮豔的魚，吸引孩子目光，陪著一起觀察魚兒或數數。

⑨ 多多練習七巧板、拼圖、積木，並配對了解順序、大小及其中的關聯性，藉以強化視覺聯想力。

⑩ 玩兒童保齡球，讓孩子仔細瞄準再丟。

⑪ 在關了燈的房間裡，用夜光顏料，讓孩子任意塗鴉。P.272

⑫ 自製燈箱，在燈箱上放置任何透明物品，藉此探索光的穿透力。P.268

⑬ 利用投影機的光，製造出大小物件的影子，在牆上描繪出來。

⑭ 在陽光下玩影子遊戲，猜猜爸媽用手做出什麼動物，增加視覺聯想力。

⑮ 自製不同主題的視覺探索瓶，讓孩子研究各個小物件在瓶中的變化。P.256

聽覺系統

聽覺系統包含幾項重要能力：聽覺分辨能力、聽覺理解能力、聽覺編序能力和聽覺記憶能力。聽覺是語言之最，如果聽不清楚，也就說不清楚了——聽和說絕對密不可分。我們可能常常想，聽覺失調就是聽覺不佳、重聽或失聰，但原來聽覺失調涵蓋非常廣。聽覺器官幫忙收集音源，傳至腦部，讓我們不只是聽到聲音，還要了解聲音的意義，包括音量、語調、節奏、聲音來源及詞中含意。如果聽漏了其中一種，便會造成生活中的困擾。

嬰幼兒階段是聽覺系統的關鍵期，如果生活中的聽覺刺激不夠，或是沒有及時發現問題，會對孩子的語言能力和溝通能力產生直接的影響，也會影響未來的學業。而如果孩子早期在聲音刺激過度的狀況下（例如：家裡長期音樂或電視音量過大），也容易損害孩子的聽力，受損後即無法進行正常聽覺的運作。

聽覺失調的表現

聽覺失調有以下兩種表現，請爸媽們多加留意：

聽覺遲鈍（聽覺過弱）

- ❤嬰兒時期，孩子不會轉向聲音的來源。
- ❤無法分辨聲音的遠近及方向。
- ❤常常聽錯旁人想表達的意思，聽覺理解度差。
- ❤對於近似音常常混淆，聽覺接收準確性低。
- ❤交代事情容易忘記，聽完指令卻無法記住，或混淆前後順序，聽覺記憶差。
- ❤完成事情的步驟，容易搞亂，聽覺編序能力差。
- ❤傾聽事務的速度慢，反應慢，無法過濾噪音，容易分心。
- ❤常大聲地自言自語。
- ❤構音不全，口齒不清。
- ❤表達能力差，語言發展遲緩。

聽覺敏感（聽覺防禦）

- ❤容易分心，情緒不穩定。

- 容易被各種大大小小的聲音影響。例如：時鐘滴答聲、冷氣機、電扇。
- 會害怕某些特定的聲音。例如：吹風機、吸塵器、沖馬桶的聲音。
- 極度喜歡待在安靜的環境裡；環境太吵，會兩手摀住耳朵。
- 對突然發生的巨響會極度害怕。

強化聽覺系統的技巧

①幼兒時期多與孩子玩聲音遊戲。例如：動物叫聲、日常生活各種聲音。

②玩拍手遊戲，用不同的節奏拍打，讓孩子模仿。

③在跟孩子互動時，善用不同的音樂。

④多跟孩子說話，提供不同的語言字彙。

⑤在不同方向製造聲音，做聽覺追蹤。

⑥在不同容器裡裝入不同物件。例如：鈴鐺、米粒、吸管，供孩子分辨。

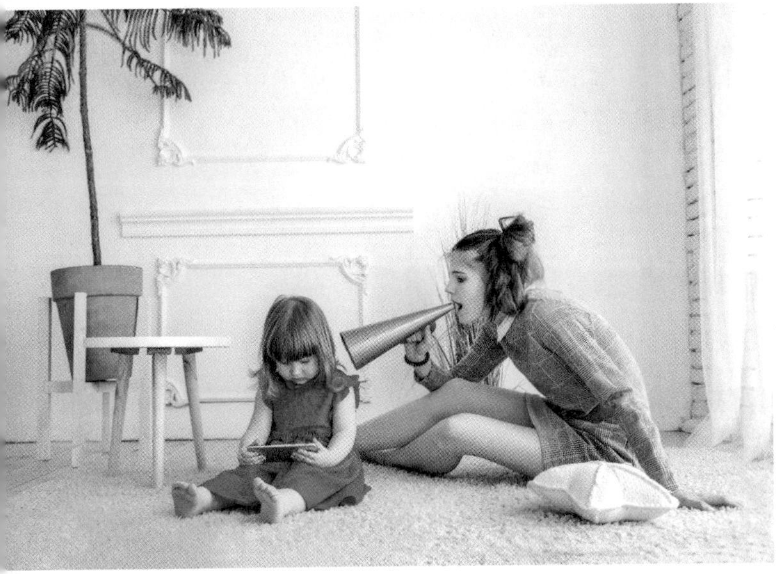

⑦講一段小故事，請孩子說出前後順序。（首先，然後，最後……等）

⑧唱出音符，讓孩子模仿，訓練聽覺記憶。

⑨聽指令做動作，提升聽力及專注力。

⑩給孩子各類鍋碗瓢盆，任意拍打。P.282

⑪製作傳聲筒，跟孩子在不同的房間裡聊天。

⑫帶孩子去山谷、洞穴，或空曠空間探索回音。

⑬陪著孩子一起製作搖鈴樂器。P.278

⑭利用十個瓶子，五種聲音，讓孩子盡情地玩配對遊戲。P.290

⑮讓孩子敲打不同水量的玻璃杯，演奏出精采美妙的音樂。P.294

味覺系統

味覺讓我們能嚐到五種主要的味道：酸、甜、苦、鹹、鮮美。當寶寶還沒出生，味覺就已經發展完全。媽媽在懷孕的同時，寶寶已經在大口大口地品嚐羊水了呢！

寶寶一出生就有味覺能力，而且味蕾分布比成人來得廣，所以特別敏感，只要多加以刺激，有助於達到味覺發育健全。

由於寶寶一來到這個世界，唯一的味覺刺激是母乳或配方奶，如果同一味道食用太久，容易造成寶寶味覺遲鈍；建議可從寶寶二到四個月大開始，適時加入一些其他的味覺刺激，

例如，菜湯或是果汁。

寶寶在二個月大，就能分辨酸甜苦辣鹹；四到六個月大，建議可試試多種副食品，例如：各類果肉、菜泥或簡單肉末；另可搭配語言強化（例如：是不是酸酸的、這個甜甜的），讓寶寶了解味道的同時，也達到對味覺的認知。

另一個很重要的就是咀嚼訓練，許多愛子心切的媽媽，常會把食物剪得碎碎的給孩子吃，時間久了，孩子會慢慢失去咀嚼能力，而無法達到口腔肌肉的基本訓練，可能會導致未來語言發展緩慢，並出現挑食、偏食的問題。因此，媽媽們一定要多多讓孩子嘗試不同類型、不同口感的食物，也要信任孩子，給予空間和機會，讓他可以自己學習。

味覺失調的表現

味覺失調有以下兩種表現，請爸媽們多加留意：

味覺遲鈍

- 喜歡舔、咬不能食用的東西，如膠水、顏料、蠟筆等。
- 愛好重口味，特別喜歡酸、甜、鹹。
- 非常喜歡吃東西，有時過度尋求口腔刺激，而進食太多。

- 過了口腔期，仍無法控制口腔肌肉，常常流口水。
- 過了三、五歲，還是喜歡把所有東西放進嘴裡，尋求刺激。
- 愛咬頭髮、手指、衣物、吸管或紙杯等。
- 難以分辨酸、甜、苦、辣，食之無味。
- 喜歡用重口味牙膏；熱愛電動牙刷帶來的快感。

味覺敏感

- 在吸吮、咀嚼和吞嚥上有困難，常常吞不下去。
- 經常噎到，所以不喜歡吃東西。
- 對食物非常挑剔；對沒嘗試過的食物有恐懼感。
- 只吃某種味道淡或柔軟的食物，排斥有調味的料理。
- 害怕刷牙、不喜歡牙膏、排斥看牙醫。

強化味覺系統的技巧

①嬰兒初期，讓孩子試試不同味道的食物，促進味覺發育。

②提供不同味道的蔬果液體，讓孩子舔舔看，然後說出感覺。例如：蘋果、菠菜。

③ 準備各類味道的食物，藉由語言強化，讓孩子表達酸、甜、苦、辣。

④ 提供孩子不同口感的食物，藉此訓練口腔靈敏度。

⑤ 準備各類水果，讓孩子蒙著眼，吃完後，說出答案。P.326

⑥ 陪著孩子一起烘焙、做料理，邊做邊吃。

⑦ 準備各式各樣食物，讓孩子每一種都嚐一嚐，玩「最愛食物」大考驗。

⑧ 用不同的水果切塊、排出動物，邊吃邊玩。P.330

⑨ 陪孩子探索相似食物，玩「吃吃看有什麼不同」遊戲。例如：紅肉和黃肉西瓜、大番茄和迷你番茄。

⑩ 帶孩子參觀可食用植物農場，隨手摘來吃吃看。

⑪ 準備八個杯子、四種果汁，讓孩子玩「果汁配對」遊戲。

⑫ 製作各種味道的水果冰沙，讓冰凍的感覺，帶給孩子嘴巴不同的體驗。P.334

⑬ 請孩子吐出舌頭，媽媽在舌頭上塗抹不同調味料，刺激味蕾。例如：鹽、糖。

⑭ 進餐時，請孩子猜猜看每一道菜各加了什麼調味料。

⑮ 準備不同蔬菜，讓孩子嚐嚐煮熟與生吃的不同。例如：紅蘿蔔、芹菜。

嗅覺系統

嗅覺與味覺是超級好朋友——如果沒了嗅覺，便無法嚐出各種味道；嗅覺和味覺是相輔相成的，百分之七十以上的味覺受嗅覺影響。回想你上次感冒鼻塞時，因為聞不到，當下連吃東西都覺得沒味道呢！

嗅覺在古老年代是非常重要的感官，人類要靠嗅覺才能生存——可以透過聞到空氣中的氣味，來辨別安全與危險。嗅覺也是孩子最早發育的感官，由於媽媽的飲食能直接影響羊水的味道，孩子在媽媽肚子裡，也就能透過羊水聞到氣味。所以從出生起，孩子的嗅覺就已經非常發達；媽媽身上散發的母乳氣

味，對新生兒有舒緩鎮定的作用。

嗅覺對於建立記憶和喚起記憶上，也扮演著重要角色。嗅覺讓我們一聞到某種味道，就回想起小學三年級校外賣的燒仙草，媽媽煮的年夜飯，外婆的家常菜……瞬間喚醒過去的記憶。同時，也因為有著這些記憶，能讓我們遠離有害的化學物質，避開刺鼻的垃圾或嘔吐物。試想，一個嗅覺失調的孩子，在生活中會帶來什麼樣的困擾？相反地，嗅覺較好的孩子，通常判斷力、記憶力、專注力和敏銳度都比較強，能輕鬆適應身邊的環境。

嗅覺失調的表現

嗅覺失調有以下兩種表現，請爸媽們多加留意：

嗅覺遲鈍（嗅覺過弱）

- 難以分辨氣味，或容易忽略臭味。
- 無法聞到刺鼻的化學物品，而身陷險境。
- 食之無味，造成沒有食慾，容易營養不良。
- 過度尋找味道，到處聞或舔。

嗅覺敏感（嗅覺防禦）

- 常常聞到一些別人聞不到的氣味。
- 討厭香水、清潔用品、梳洗用品的味道。
- 一聞到某種氣味，比一般的孩子反應強烈，容易嘔吐。
- 對於重口味的調味料極度排斥。
- 討厭某些味道，排斥很多食物，有偏食習慣。
- 只喜歡無味的東西。
- 很難接受新的味道。
- 能清楚分辨每個人身上的不同體味。

強化嗅覺系統的技巧

① 帶寶寶出門曬太陽、逛花園，聞聞大自然花草樹木的清香。

② 幫寶寶洗澡時，給他聞聞沐浴乳、肥皂，或身體乳液的味道。

③ 在孩子吃副食品之前，先讓他聞一聞食物的氣味。

④ 製作各類香味瓶，讓孩子聞一聞，認識味道。P.300

⑤ 和孩子玩「氣味配對」遊戲，增加嗅覺認知能力和記憶力。P.304

⑥ 讓孩子蒙著眼，來玩「香味猜猜猜」遊戲。

⑦ 把香料加入顏料，來一場有香味的塗鴉。P.308

⑧ 把香料加入黏土，一邊聞，一邊捏。P.160

⑨ 收集用過的茶葉或咖啡渣，讓孩子一邊聞，一邊探索氣味。

⑩ 猜猜味道從哪裡來？讓孩子玩「找尋氣味來源」遊戲。

⑪ 擺出五種不同的起司，讓孩子聞聞看有什麼不同的氣味。

⑫ 用清香的刮鬍膏，擠出可愛的雪人，或抹出不同的形狀。

⑬ 和孩子一起動手磨草藥，隨意配搭，創造出新氣味。P.312

⑭ 找出十件乾淨衣服，看孩子能不能聞得出來是誰的衣服。

⑮ 和孩子玩「用一種氣味，形容一個地方」的遊戲，增加對氣味的聯想力。

Chapter 3

來吧！探索
你不知道的「遊戲」意義

看著遊戲場上孩子們正在進行各式各樣的遊戲，
有些家長靜靜地陪伴，有些直接下場指導或加以制止……
大人們腦海裡總是想：「他們到底在玩什麼？」
「這樣也可以玩得這麼開心？」
如果我們更深層了解「遊戲」是什麼？
遊戲的好處有哪些？
大人們在遊戲中應該扮演什麼樣的角色？
如此，能協助孩子將「遊戲」玩得更有意義！

接受孩子的邀請，一起玩遊戲！

在家最常聽到的一句話就是：「媽媽陪我玩！」許多媽媽心裡的ＯＳ都是：「少來煩我，沒看到我現在在忙嗎？」當下，似乎媽媽自己的事情最重要，孩子的事情可以放在一旁。其實，這是孩子在向妳發出訊息，他們正在啟動某種遊戲，等著最愛的媽媽來一同參與！爸媽們如何反應，對孩子們的影響相當大——可能一不小心，就抹煞了他們主動冒險的精神、社交能力和人際關係。

在從事幼教工作之後，慢慢了解遊戲對孩子的重要性，因此，即使我心裡的ＯＳ再大聲，都會放下手邊的事情，靜靜聆聽孩子們的需求。

那麼，遊戲到底是什麼呢？每個人對於遊戲的定義都不同，但對於真正有利於孩子成長發展的遊戲，可是很有學問的。

回想起自己小時候，從來不需要別人告訴我們怎麼玩遊戲。那時沒有電腦，沒有智慧型手機，在那資源匱乏的年代，孩子們總是能從平凡的事物中創造出樂趣，把看似不起眼的小玩意，研發成各類遊戲。從打彈珠、丟沙包、跳房子、翻花繩、打水漂，到玩躲貓貓、扮家家酒、摺紙娃娃……總是能天馬行空，突發奇想，玩到不亦樂乎，玩到意猶未盡。

孩子們這種與生俱來的「遊戲能力」，對許多教育家和心理學家來說，都覺得不可思議。從十九世紀開始，已經有學者研究孩子們與「遊戲」之間的關係，以及「遊戲」所帶來的好處。從古典學派的精力過剩

論、現代學派的認知發展論，到近代英國所提倡的遊戲工作論，無論跨過了幾個世紀，心理學家對孩子「遊戲能力」的研究，都說明了「遊戲」是孩子的精神糧食，生活必需。

綜合各個學派對「遊戲」的說法，「遊戲」是孩子的本能，是一種自由自在，自動自發，充滿快樂性的一種行為。「遊戲」可以讓孩子在玩樂的過程中感到愉悅，滿足他們的欲望，也能減輕焦慮，調節受挫經驗，彈性思考，進而學習解決問題。因此，遊戲對認知發展具有相當大的意義。

遊戲也分許多種，不同類型的遊戲，帶給孩子不同的啟發。在此希望拋開制式的遊戲理論，輕鬆地和大家分享：最利於孩子的遊戲方法、各種遊戲的分類，以及在孩子的遊戲中，大人應該扮演的角色。

遊戲的定義

- 遊戲是孩子生活的全部。
- 遊戲是孩子最基本的權利。
- 遊戲是開發孩子潛能的鑰匙。
- 遊戲是無拘無束、自由自在的行為。
- 遊戲是來自孩子內在的動機，而非外在的要求所引發。
- 遊戲者重視的是遊戲的過程，而非遊戲的結果。
- 遊戲沒有附加的規則。
- 遊戲是反覆自我探索的過程。
- 遊戲是主動參與的活動。
- 遊戲不須獎勵，也沒有懲罰。

遊戲的重要性

- 遊戲可以促進認知的發展。
- 遊戲可以促進孩子身心的健康與發育。
- 遊戲可以培養社會品德，以建立良好的社會關係。
- 遊戲可以提供孩子生活練習的機會。
- 遊戲可以減輕心理的焦慮。
- 遊戲可以啟發孩子的想像力和創造力。
- 遊戲能培養孩子的觀察力、思考力、記憶力、自信心。
- 遊戲可以宣洩不愉快的情緒。

依孩子年齡，選擇適合的遊戲

每個年齡層的孩子，都有其特定行為和不同認知階段所適合的遊戲。了解這些發展順序是非常重要的，找到適齡的遊戲，對孩子才有幫助，也可避免孩子被要求達到難度太高的動作，而對心理造成負面影響。

抽離遊戲／無所事事遊戲（○～二歲）

還記得一歲的兒子，獨自在嬰兒床裡專注地看著掛在旁邊的搖鈴，水汪汪的眼睛盯著搖鈴不放，時而觸碰一下，時而抓過來咬一下；一聽到搖鈴的聲響，就會突然大笑起來。看著他那自得其樂的可愛模樣，讓我好開心。

二歲以前的孩子，還是非常以自我為中心。遊戲時是以自我為基礎，喜歡獨自一人

享樂；如果對於某種活動感興趣，可能會看一下，摸一下，但並不一定會加入別人參與其中。在這個階段，父母無須介入太多，倒是建議可準備一些不同質感的物件放在孩子們身旁，讓他們隨意觸碰，製造更多感官的刺激。例如：摸摸毛衣、刷子、海綿或砂紙（觸覺）；敲敲小木琴、鍋碗瓢盆（聽覺）；放幾小盤切碎的水果，讓孩子探索味蕾（味覺）。

旁觀者遊戲（二～二歲半）

孩子在這個階段已經突破獨樂樂的主義，開始觀察。孩子本身是以一個「旁觀者」的角度在看著別人玩，動作上雖未參與，卻是看得很專注。這個年紀的孩子觀察力很強，把所有看到的收進腦海裡備用。

以前我在教室授課時，常看到孩子走到各個角落，觀察著別人的遊戲過程。常有媽媽問：「老師，我的孩子為什麼不加入其他孩子一起玩，他是不是有社交問題？」其實家長們真的無須太擔心，反而應該鼓勵孩子多觀察，因為他們正在收集資訊，腦袋才能進行過濾及分類，這個過程也對於腦部發展非常重要。

獨自遊戲（二～二歲半）

與「旁觀者遊戲」一樣的年齡分類，這個階段的孩子最大的特色就是獨自一個人玩，如果不是在觀察他人，孩子的注意力可能就集中在某個玩具上——儘管旁邊有其他孩子，也很少會被干擾；對於自己正在玩的東西非常專注，沉浸於自己的世界中。

經常在課堂上見到，孩子A正在玩積木，孩子B在玩黏土，兩人都在同一個地方玩，但似乎全世界只有他自己一個人的存在。而孩子正在專注的時候，我們應當給予空間，不要太多干擾，因為孩子的腦袋可能正在思考下一步；我們的介入，可能會中斷孩子腦部正在進行的運作。

平行遊戲（二歲半～三歲半）

「平行遊戲」顧名思義就是沒有交集，又稱為「集體的單獨遊戲」。即便是兩個孩子在一起玩同一種玩具，遠遠看好像兩個人在一起玩，空間上的距離很近，但兩人沒有溝通，沒有關聯，各玩各的。例如：兩個孩子一起在同一張桌上塗顏色，但你塗你的，我塗我的，井水不犯河水，卻又能互相學習。孩子的觀察能力依然很強，當發現自己有難題時，他只要抬頭望一望旁邊的同伴，便能自己找到答案。

聯合遊戲（三歲半～四歲半）

慢慢地，孩子的語言能力越來越強，開始與身旁的另一個人互動，有時會交換玩具、簡單交談，或是互相模仿。大家一同進行相似的遊戲，但彼此之間並沒有很明確的分工或遊戲規則；正因為沒有遊戲規則，他們的玩樂不設限，走一步算一步，反而讓遊戲更有創意。

我最愛帶孩子去海灘，因為玩沙對孩子來說是一大享受，他們在海灘一同堆沙堆，有人挖洞，有人加水，有人堆沙；有時看到同伴正在進行的可能比較好玩，就做簡單溝通，互換角色。聯合遊戲的進行，正在為之後更複雜且具有規則的遊戲做準備。

合作遊戲（四歲半以上）

四、五歲的孩子能進行更複雜的遊戲了，他們開始不喜歡一個人玩，而是一群朋友一起玩，常常呼朋引伴，從本來無組織、無目標的狀態，演變成有小規模組織的群體，開始有遊戲規則，也有輸贏結果。遊戲類型注重需要合作來達成共同目標。

在這個合作遊戲中，不難發現孩子們自我分工，有人扮演領導者的角色，有人則是跟隨者。而在合作遊戲中，孩子也漸漸能發展出自己的個性，增強社交能力及解決衝突的技巧。

各類遊戲，刺激多元感官發展

父母經常看著孩子進行不同的遊戲，往往以為這只是孩子們無聊、耗時間的無目的玩樂，其實不然。孩子們進行的遊戲經過專家研究後分門別類，在此，特別挑出最常見的遊戲類型來討論，讓父母更了解孩子在進行這些遊戲背後的意義，更明瞭且支持他們成長的方式。

象徵性遊戲

孩子會利用不同物件，來代表真實世界的東西。例如，假裝喝水、吃東西、講電話；或是綁一條繩子在手上，假裝是戒指；抑或是拿一塊木頭，假裝是一個人。這類象徵性遊戲，能讓孩子在能力範圍內發展出較多的掌控力、漸進式的探索及理解自我。

有一次，班上的孩子拿著一條彩色絲巾放在鼻子下面，我好奇地問：「那是什麼？」可愛的小女孩回答我：「那是我的鼻涕啊！我的鼻涕是彩色的！」呵呵，當場令我捧腹大笑！

打鬧遊戲

有時候兩個孩子打鬧，大人會出面制止，但那樣反而會打斷孩子們的遊戲行為。這種打鬧遊戲，其實是一種孩子近距離接觸，去探索自己體能柔軟度，並用觸摸、搔癢、摔角的方式去測試對方的力道。只要在不會造成傷害的情況下，孩子能適當地發展身體的靈活度，也會因此得到愉悅感。當然，若聽到有人大哭，可能是某一方出手太重啦！但話說回來，這也能讓孩子從中學習到，原來力道過度了，下一次可能要作出調整。倘若父母一開始就不准孩子打鬧，反而剝奪了孩子們學習的機會。

社會戲劇遊戲

由兩個或兩個以上的孩子彼此透過交談，模仿日常生活中所觀察到的景象，像是：爸爸開車、媽媽做飯、醫生醫病、消防員救火、警察抓小偷，這些都是高層次的象徵遊戲——它更複雜且更有組織性。孩子扮演各種不同的角色並演練出各式情節時，這種過程能促進幼兒的語言溝通、思考和分析，在與同伴互動的同時，不僅對孩子的認知發展有所幫助，也有利於孩子社會、情緒與道德發展。而透過不同的戲劇遊戲，也能帶領孩子感受不同的身分，進入不同的領域及想像空間。有時孩子也會找父母一起

進入角色——對大人來說可能覺得乏味，但對孩子的幫助可是非常巨大的。所以，爸爸媽媽們請展現你們的「戲胞」，和孩子一起同樂吧！

創造性遊戲

孩子的創造力是我們無法想像的，他們會自己找尋不同的工具及材料，去設計和創造出一些讓我們出乎意料的東西。例如：將紙箱做成機器人，水瓶可變成捕鼠器。

我家就有一個小小發明家，兒子會用寶特瓶蓋做出別出心裁的指尖陀螺；用冰棒棍蓋出一間遊樂場。我常好奇，孩子的想法究竟是從哪裡來的？有時不得不相信，孩子的腦袋裡真的裝了許多天馬行空的好點子。

冒險遊戲

有如打鬧遊戲，孩子有時非常大膽嘗試做一些危險的動作，父母總是在身後立刻大聲喝止：不可以！因為潛在的危險性高，父母不願孩子冒險，像是：爬樹、攀岩、生火、跳單槓、泛舟、跳傘或飛越叢林等。

這些冒險遊戲固然令人擔憂，卻能給予孩子空間去探索並擴大他們的極限，也讓孩子有機會去加強面對危險的警覺性，給予空間去發展生存技能，進而克服恐懼。如果父母保護得太好，孩子則會缺乏這方面的能力。有時父母真的很兩難，擔心在所難免，畢竟孩子是我們的心頭肉啊！而我們所能做的是機會教育，讓孩子學習對自己負責，並在進行遊戲前，務必做好安全措施，以防萬一。

探索遊戲

孩子充滿著好奇心，尤其是早期階段，他們用感官去探索，去了解環境，去玩耍——孩子用眼觀察，用手觸碰，用鼻子嗅聞，用耳朵聆聽，而最常見的是，把東西放進嘴裡嚐嚐，孩子們喜歡透過這樣的方式來獲取資訊，進而認識周遭的一切，明白世界的運作。一旦小寶寶知道有東西是他們沒看過的，一定會伸出手去檢查一下，摸摸、碰碰、敲敲、打打，探索性遊戲就這樣開始了。

建議父母，除了讓孩子探索周遭，也可以主動把這個世界介紹給孩子認識，讓孩子不只是摸摸碰碰他身高可觸及的地方，還把各式各樣平常孩子碰觸不到的東西放在身邊，或帶他去住家以外的其他環境探索，藉此豐富七感的刺激，使腦部神經元有意義地成長。

幻想遊戲

與社會戲劇遊戲不太一樣，幻想遊戲是一項單人進行的遊戲。孩子的想像力非常豐富，有時會深信自己是超人可以飛，在沙發上跳上跳下；在地上拿起石頭，假裝它是一輛車在奔馳；或者利用樂高玩具，當作是一個人或動物在互相對話。這些假想的玩法並不像表面看起來那麼簡單，幻想遊戲是一個豐富而有益的活動，可幫助幼兒練習各種新技能。藉由與他們的寵物、娃娃、玩具交談和互動，能增強孩子的語言和社交技能；藉由設計劇情，孩子也從中練習解決問題。

社交遊戲

社交遊戲是同齡孩子互相交流的一種玩法。任何兩人以上的遊戲，都可歸納為社交遊戲，它對發展社會技能和建立友誼都非常重要。藉由社交遊戲，孩子們學習如何分享、合作、輪流、表達情

感，也促進身體活動和道德推理。

這些社交遊戲的學習，在幼兒園裡更為明顯。最常見的就是孩子們一同玩耍，開心時，分享好玩、有趣的點滴；吵架了，則會互相指責對方的不是。只要父母們多給予一些時間和機會，讓孩子們彼此交流，甚至解決問題，孩子們是有能力找到最好的和解方法，父母無須即時介入。

體能遊戲

孩子還小的時候，我每天固定安排一個小時讓他們去公園放電：溜滑梯有助平衡感；盪鞦韆可刺激前庭覺；攀爬繩索能訓練大肌肉並加強本體覺；即便是最簡單的跑一跑，都能運動到全身肌肉。

體能遊戲對孩子的大腦發育非常重要，不單能幫助孩子的骨骼發展和體能發展，還有助於控制體重、保持心情愉快和提升社交能力。

在孩子生命最初的五年，是成長和發展最重要的時光；而在這段時光所學習到的基本運動技巧，

都能幫助孩子提升自尊心和信心，甚至，孩子可能會越動越聰明喔！

建構遊戲

有沒有發現充滿創意的孩子，總是會利用各式各樣的材料去創造出不同的作品？孩子透過不同元素去堆砌、建造、組合、拆裝，就是所謂「建構遊戲」。幾乎每個家庭中都不難發現積木或樂高，孩子透過計畫、編排、嘗試，去建構出獨一無二的創作。這種建構的能力，可發展成想像力、解決問題的能力，有助於兒童培養人格美德、勇氣、積極性、持久性和適應性。

大自然遊戲

讓孩子多接觸大自然，是我們常常聽到的口號，但現在社會科技發達，人們不離智慧型手機，就連孩子都會長時間面對平板螢幕，鮮少真的與大自然為伍。想想從前的我們，在大自然中玩耍是日常生活的一部分：去池塘捉蝌蚪、去溪邊玩水、在大樹下撿松果、拾葉子、排列樹枝石頭……對我們來說，這些都是童年玩耍的把戲，可惜，現代孩子卻缺乏這類遊戲。

在大自然裡，到處都是材料，隨手可得，而且源源不絕，完全不需要和別人搶；即使碰上同時想用同一種材料，也會因為大家的思維空間擴大，而採取平和的方法處理。

專家們說，孩子們需要與大自然相處的程度，好比是每天需要營養和睡眠一樣重要。多讓孩子在大自然中玩耍，能提高他們想像力、創造力和各種設計遊戲的能力；在過程中，孩子能舒緩壓力、降低行為障礙、減少與同儕衝突。

多采多姿的大自然，也給予孩子數不清的感官刺激：爬樹能訓練手眼協調和促進大肌肉發展；撿石頭、玩泥巴，可促進小肌肉的發展，且對觸覺刺激有幫助；隨著季節的轉變，眼前的景象千變萬化，大自然裡充滿著各種花草氣味，各個感官爭相著去感受……快放下你的3C產品，帶著孩子前進大自然吧！

水沙遊戲

水和沙是孩子成長過程中不可或缺的玩樂元素。為什麼孩子這麼愛玩水？因為水有太多可能性——可以是液體，可以是半固體，也可以變成冰；不同的物體放置在水裡，也有下沉、浮動的狀態變化等科學概念；在水中加泡泡、加顏色，變化多多。至於沙子，也能有千變萬化的形狀，各式各樣的玩法。

水加沙子的無限可能就更不用說了——在沙灘玩水的孩子，可訓練手眼協調，運用

精細的小手技能來倒、舀、抓、捏。

水沙遊戲不但能提供孩子享受操縱流體材料的體驗，運用不同的容器，也能讓孩子有機會學習測量和探索數學概念，更能在挖掘沙子和潑水的過程中，刺激大肌肉和小肌肉的發展。所以，常帶孩子去沙灘玩沙玩水的父母們，給你們大大按個讚！

髒兮兮遊戲

髒兮兮遊戲又稱凌亂遊戲，應該是父母們最害怕的一種。一聽到會玩到髒兮兮，也就等於會把家裡搞得亂七八糟，附加的還有事後的清理工作，想起來就讓人頭痛，所以，在家中很少進行這樣的遊戲，孩子們也就

錯失了各種感官的體驗。

所謂「髒兮兮遊戲」的主要元素有哪些？基本上，泛指任何鬆散的、足以讓你清洗到發火的材料，都可以拿來使用！哈哈！我最常用的材料有麵粉、太白粉、玉米片、刮鬍膏、色彩顏料、油漆、碎紙、蘇打粉、土壤、水和沙，因為這些材料不受一般用法的約束，孩子可以自由且無限制地探索。

看到這裡，媽媽們是否倒吸一口涼氣和翻白眼呢？天啊！心想我到底要花多少時間清理？孩子為什麼愛這種髒兮兮的感覺？其實，這種感覺涵蓋了許多感官的刺激：開發手眼協調、練習測量及混合的技能，可以放鬆身心，抒發感受，也能培養孩子的好奇心及實驗能力，體驗這些簡單材料在他們手中創造出千百種的玩法。

如果媽媽擔心太難清理，與其阻止孩子們把家裡弄得髒兮兮，不如想想如何準備現場，才能簡化事後的清潔工作。

大人在遊戲中扮演的角色

當孩子在玩樂時，家長應如何陪伴？參與度怎麼拿捏？該扮演什麼角色？原來這些細節對孩子的學習都有著極大影響。有時大人介入太多，反而會有反效果，孩子們需要自我主導及自創的空間，才能在遊戲中發揮最大潛力。

規畫安全的遊戲環境

父母可提供一個安全的環境，根據孩子的能力和需求，在室內或室外給予一個可以發揮的空間。

布置環境，物料準備

幫助孩子設計並規畫各種有趣的遊戲。例如：準備一個大盤子，打開兩包麵粉，附上三杯水和幾個杯子、勺子，剩下的就看孩子怎麼玩了。

提供遊戲的延伸

加入適當的工具，讓孩子有多樣化的玩樂方式。例如：玩到一半時，適時地加入不同的元素，讓遊戲得以延伸下去。例如：不經意地放入擀麵棍、切麵板，或滴入幾滴食用色素改變麵團的顏色，孩子會因為得到新的工具或素材而啟發更多玩法。

給予自由的選擇

在遊戲的世界裡，所有玩法都由孩子來決定（除非會造成危險）。例如：孩子把麵粉灑在頭上，將水潑在身上——父母不阻止，不責備，這意味著我們正給予孩子實驗的空間。

當一個支持和協助者

當父母提供孩子一個安全的遊戲環境之後，不代表自己就可以跑到旁邊納涼喔！父母親最重要的角色，就是一同參與孩子的遊戲；我們的支持是透過參與和陪伴，給予空間，讓孩子們建立自己的計畫，進行學習和探索。

談論遊戲

當孩子感受到父母親身參與遊戲，對他們來說，意義重大！父母可以在遊戲告一段落時，跟孩子談論遊戲種種，問孩子：「剛才為什麼把麵粉放在頭上呢？有什麼感覺呢？」讓孩子思考並增進親子互動。

正面鼓勵

在遊戲的過程，父母可以適當地正面鼓勵孩子，當孩子得到讚賞與認同，也會加強自信心，並繼續勇往直前地嘗試。建議父母可用這樣的語言：「孩子，看著你仔細地把

麵粉和水和在一起，你好認真！」「剛才看妳在麵團裡多加了小碎石，真有創意！」

做好榜樣

不同年齡層的孩子有不同的能力。與其告訴孩子怎麼做更好，不如在身旁做個示範，引導孩子模仿，讓孩子自己發掘並觀察；當孩子看到原來那塊板子是可以用來切開麵團的，那將會是他自己觀察學習所得的知識，而不是父母直接告訴他的答案。

別任意介入或干擾遊戲

大人們在孩子的遊戲中所扮演的角色，對於孩子的遊戲品質有絕對的關係。儘管大人介入孩子的遊戲有許多好處，但過度或不當的介入也可能造成反效果。以「孩子為本」的遊戲方法，是由孩子主導遊戲的方式和走向，這類遊戲在孩子腦部發展中佔據非常重要的地位。

別淪為大人主導遊戲

當孩子們正彼此合作、玩得起勁，也正嘗試著用豐富的語言溝通並找方法解決問

題，大人卻急著幫忙解答，這樣一來，反而讓孩子失去了自我理解的機會。例如：「哎呀！你這樣太慢了喔！快把水倒下去，和麵粉混在一起，就可以變成麵團了！」或「妹妹，媽媽來啦，我幫妳弄，這樣才對啦！」有些家長甚至會抓著孩子的手來做，讓孩子完全沒有自我掌控權。這樣一來，不但剝奪了孩子獨立思考與成長的空間，也同時剝奪了孩子自我判斷及學習的機會。

切勿中斷遊戲

在遊戲過程中，孩子的大腦不斷地轉動去規畫下一個玩法，如果父母過度介入兒童遊戲，會使遊戲主體發展中斷，妨礙孩子建立領導技能之外，也會讓孩子過度依賴。例如：「你已經在這玩了半個小時，不如不要玩這個了，我們去玩其他的。」或是「好了，玩得髒死了，現在馬上給我去洗手！」

防止問題產生

父母的參與，除了在場支持孩子、培養親子關係之外，當然也有必要在旁觀察，以防任何危險發生；而一旦孩子遇到嘗試過後無法解決的問題，父母也可適當地介入，當那個支持他跨過臨門一腳的人。

記錄及回顧

現在父母最愛的就是拍照上傳臉書，記錄著孩子成長的點滴。如果把孩子這些遊戲過程記錄下來，除了用來上傳社交媒體、增進人我交流之外，對於往後跟孩子一同回顧也相當有幫助。

觀察與記錄

在陪伴孩子遊戲的同時，大人可以用心觀察孩子，把所見記錄下來。透過在旁觀察，可以幫助收集有關孩子的信息，了解孩子的能力，進而知道如何在未來設計出更符合孩子需求的遊戲。

聆聽及回顧

在遊戲結束後，一起和孩子聊聊天，聽聽他們說說遊戲過程的感想，讓他們有足夠時間發表意見及心得。相信孩子會迫不及待地告訴你剛剛他們的體驗。例如：「媽媽，妳剛才有看到嗎？我把麵粉灑在頭上，全都是粉耶，然後姊姊潑水在我的臉上，那些麵粉都變得黏黏的！」這時，我們可以順便告訴孩子，水加麵粉會產生這樣的結果……例如：「真的啊？聽起來好好玩，原來麵粉碰到水會有凝固的作用啊！」

制定計畫

陪孩子回顧之前有趣的遊戲後，透過收到的信息，來幫助我們設計下一次的遊戲。當然，也可以邀請孩子提出建議——孩子一定知道怎麼樣才能更好玩！如此，孩子陪著我們制定未來計畫的同時，也進而建立一個支持和信任的親子關係。

專家眼中的遊戲

德國教育家．學前教育鼻祖／福祿貝爾（Froebel）

「遊戲」乃起於快樂，而終於智慧，是教育過程中不可或缺的一部分，是人類最純粹、最極致的精神活動。幼兒本能自發活動，提供了歡樂、自由、滿足，有助於天賦潛能的發展。

教育學家／杜威（John Dewey）

「遊戲」是在日常生活中主要的活動，是無束縛、無壓力，能夠自由、自在、自立、自動展開的活動。孩子在愉快的心情下進行，並從遊戲中學習。

幼教女傑／蒙特梭利（Montessori）

「遊戲」是兒童的工作，是娛樂、是學習、更是生活的本身。

認知發展學家／皮亞傑（J. Piaget）

「遊戲」是同化於自我的作用，具有創造性的想像，孩子們透過遊戲來了解外在的世界，進而引發未來的思想和推動能力。

心理學家／維高斯基（Vygotsky）

「遊戲」是一種創造思想的行為。「遊戲」對孩子的社會、情緒與認知發展有很重要的關聯性。透過遊戲，兒童的想像力能於現實生活中發揮出來。

認知心理學家／布魯納（J. S. Bruner）

孩子在「遊戲」中可嘗試不同的行為，有助其日後解決問題及日常生活中的應變能力。

Part 2

七感遊戲創意玩

生活取材很簡單，放手讓孩子玩

孩子要的東西其實很簡單，除了父母的陪伴之外，
就是能夠無憂無慮地放手去玩。
遊戲對孩子來說，就像呼吸一樣重要，
他們每天眼睛一睜開，就自然地運用著七個感官，
去看、去碰、去聽、去嚐、去聞、
去跑、去跳、去摸索、去認識這個世界。
孩子需要每個感官都溝通順暢，
才能自然地進行每日的活動。
如果能多多利用遊戲去刺激每個感官，
孩子不但玩得快樂，
對於腦部及身心發展都有極大的好處喔！

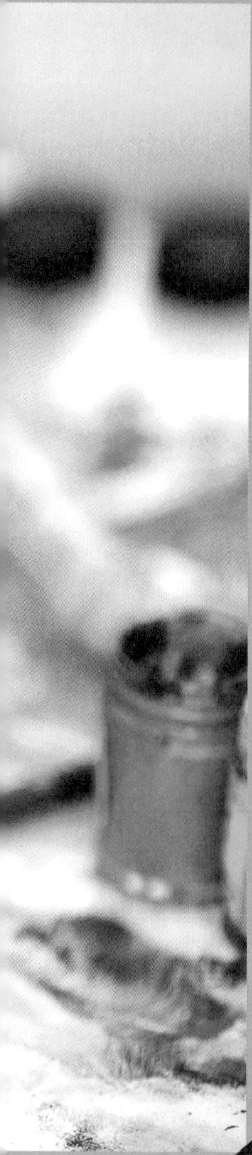

Chapter 4

觸覺遊戲

觸覺發展對學齡前兒童非常重要。
觸覺分布人體的全身上下，
隨時隨地都在接收來自四面八方的訊息。
刺激的訊息越多元，
越能在腦部建立有意義的神經元。
如果能在孩子的日常生活中多添加創意的觸覺遊戲，
豐富孩子的觸感，孩子就有機會發展出更多的可能性。
觸覺遊戲材料隨手可得，
簡簡單單就能設計出讓孩子意想不到的遊戲，寓教於樂。

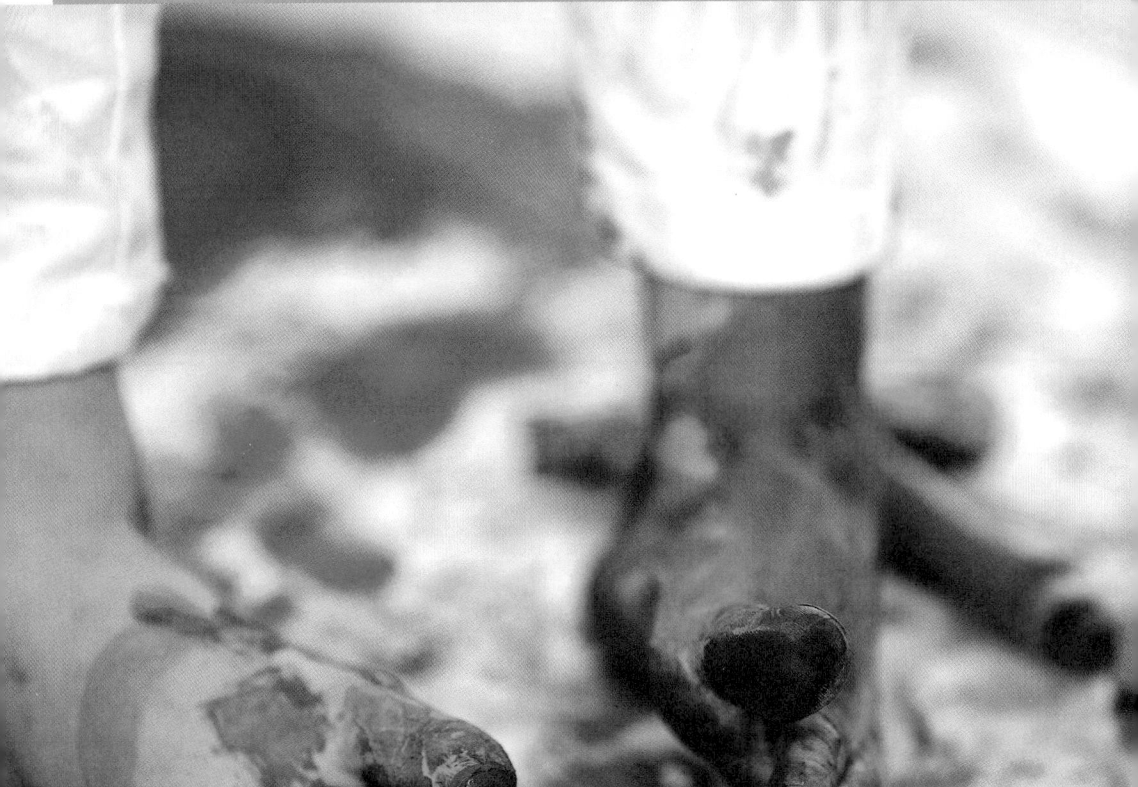
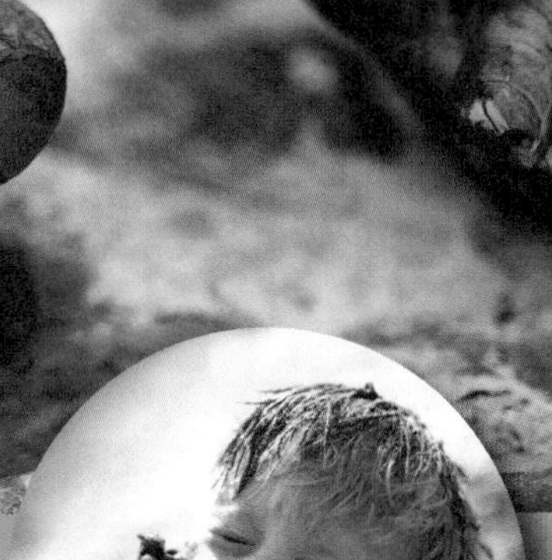
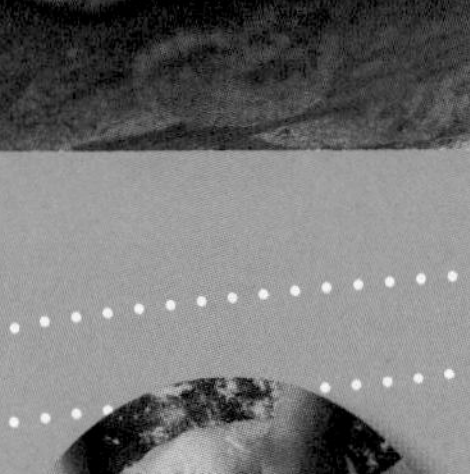

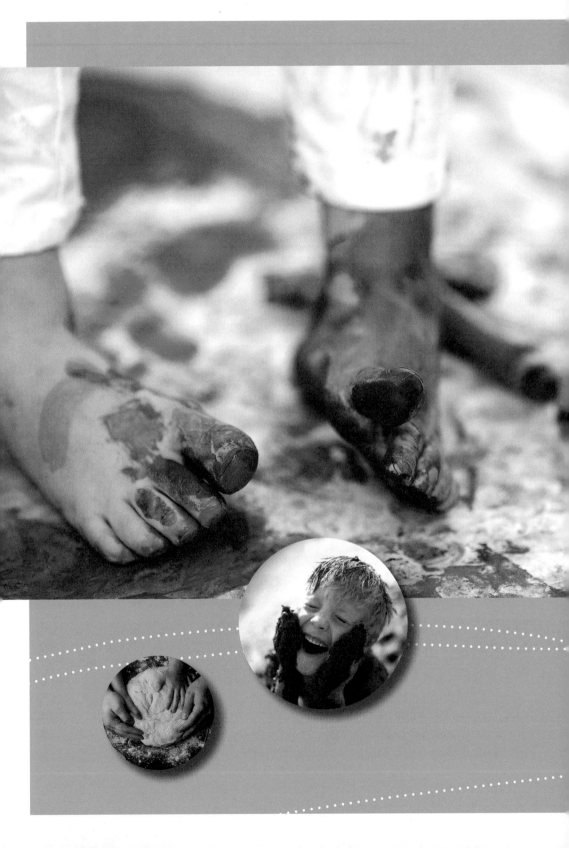

遊戲1 觸覺感官地墊

對嬰幼兒來說，「觸覺感官板」是一種非常有趣的遊戲，能夠提供孩子各式各樣的觸覺刺激，讓孩子探索並了解不同材質及物體的差異。觸覺感官板的作法很簡單，也很多元，父母可輕易地在家中找到任何材料，製作成不同創意的感官板，例如：觸覺小布書、掛在牆上的直立觸覺板，或是放在地上的觸覺爬行板，供孩子盡情啟發觸覺體驗。

感官體驗對幼兒的大腦發育非常重要；孩子依靠感官輸入來了解他們的環境。觸覺感官板可幫助孩子探索各種物件的紋理和觸感，並有效激發孩子的其他感官。

此外，感官板還能啟發孩子的好奇心，同

時幫助他們發展精細動作技能。父母在陪孩子體驗感官板時，可以從旁增加語言輸入，例如：寶寶、這個黏黏的、粗粗的、滑滑的、刺刺的……藉此豐富孩子的詞庫。

建議年齡：1～3歲

遊戲階段：抽離遊戲、獨自遊戲

遊戲種類：探索遊戲

髒兮兮程度：★☆☆☆☆

遊戲的價值

- 強化觸覺感知
- 發展小肌肉及動作精細度
- 發展大肌肉的靈活度
- 幫助發展不同材質的辨識能力
- 增加語言能力，學習新單詞
- 培養專注力
- 啟發好奇心
- 提升學習能力
- 提高肢體協調能力
- 舒緩及穩定情緒

遊戲好好玩

觸覺感官板

☆製作觸覺感官板

製作觸覺感官板沒有任何規則，你可以利用不再需要的拼貼軟墊、堅固的木板或紙板，甚至是塑膠蓋子或紙盒來製作。將這些可以提供孩子觸覺刺激的材料集合起來，使用黏著性佳的膠水，將它一一黏貼在板上，就大功告成了。

有些家長完成觸覺感官板後，將它直立貼在牆上供孩子自由探索；也有些做成地墊，讓孩子自在地在上面跳躍、爬行。父母可以自行發揮創意，創造出各種不同的感官板。

☆遊戲準備

＊拼貼軟墊、紙板、假草皮
＊熱熔槍、白膠
＊絲帶、毛線或蕾絲
＊小塊地毯
＊彩色絨球、毛根毛條、羽毛、美勞眼睛
＊吸管、大小鈕扣
＊棉花、木條
＊石頭、貝殼
＊氣泡紙
＊不同紋路的各類布料

☆遊戲訣竅

＊嬰幼兒可在地墊上爬行，用手去感受不同質感的表面。
＊人體腳底有著超過二十萬個神經末梢，赤腳玩樂可提高對自己的覺察力和本體覺。
＊在觸覺地墊上滾動，可提高對空間感的認知與大肌肉的發展。
＊鼓勵孩子用小指頭去觸摸，促進小肌肉發展。
＊父母可從旁協助，依當下的觸感提供適當的形容詞，增進孩子的語言能力。
＊不同的表面紋路，可訓練孩子的感知能力。
＊父母與孩子一同遊戲，創造優質的親子時間。

☆Tracy小叮嚀

＊避免使用鋒利危險的物品。

＊確認觸覺感官板上的物件安全固定，以免小零件脫落，孩子誤食。

＊父母一同參與，提供多元字彙，有助於提升孩子的語言力。

七感遊戲分析圖

觸覺感官板

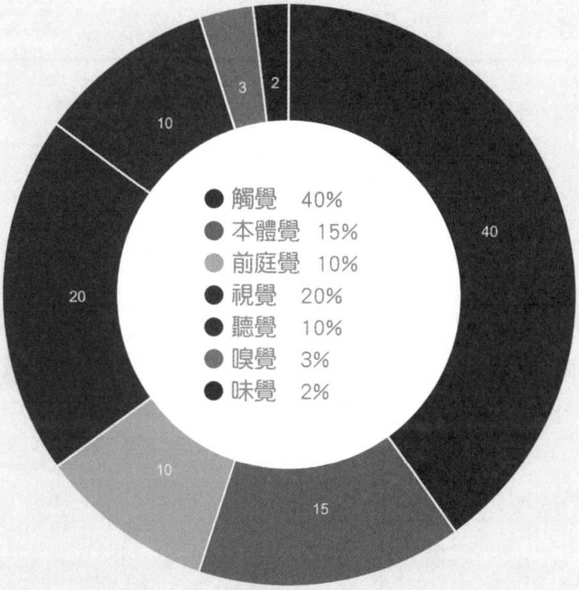

遊戲2 七彩果凍樂

果凍是許多大人小孩都喜歡的小甜點。居然可以拿來玩？常常買了一大堆果凍粉，一放就不小心過期了，丟掉可惜，不如拿來做成可供孩子玩樂的遊戲。

果凍是一種很特別的材質，如果不伸手去捏，孩子平常很少會有這種感覺輸入。這是一種開放式的遊戲，沒有目標，沒有既定的規則，唯一的玩法，就是孩子自己的方法。當孩子一捏下，可以感受到許多不同的觸感：黏黏的、軟軟的、滑滑的、濕濕的，越捏越細，越捏越小；果凍的顏色也會隨形狀的不同，開始產生變化。這對天生具有好奇心的孩子們來說，實在太震撼了！

不過，這個可以邊吃邊玩的遊戲，有時讓媽媽傷透腦筋……天啊！這樣弄得到處都是，全身都是，等一下要怎麼清啊？這時，與其禁止孩子玩果凍，不如想辦法提供一個安全、方便清理，又能讓孩子

盡興的遊戲環境。在孩子又抓、又捏、又吃的過程中，已經不知不覺地豐富了感官需求。父母也可以適時地提供小工具，例如：小湯匙、叉子、杯子，讓孩子自己發揮創意，用自己的方式進行遊戲。

建議年齡：1～5歲

遊戲階段：抽離遊戲、獨自遊戲、平行遊戲

遊戲種類：探索遊戲、髒兮兮遊戲

髒兮兮程度：★★★★☆

遊戲的價值

- 刺激觸覺神經
- 發展小肌肉及動作精細度
- 提高孩子觀察力
- 培養孩子創造力
- 提升手腕靈活度
- 色彩繽紛，有助視覺刺激
- 有助穩定情緒

遊戲好好玩

七彩果凍樂

☆用創意的方法準備果凍

平常在生活中，我們多半利用簡單的容器，像是杯子、碗……來做果凍。那麼，既然要為孩子準備一個遊戲，就是要能夠吸引孩子的目光，讓他們覺得新鮮又有趣。「七彩果凍樂」這個遊戲，除了利用食用色素做出色彩繽紛的果凍之外，還可以放在大容器裡，做好後再切塊，能在橫切面看到不同的漸層顏色。或者，也可發揮創意，利用樂高製冰容器或有形狀的矽膠蛋糕模等，讓果凍的形狀更多元化。

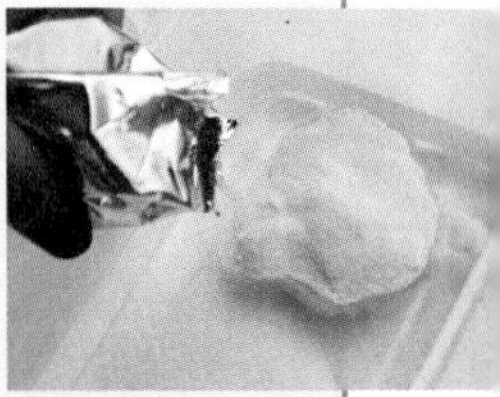

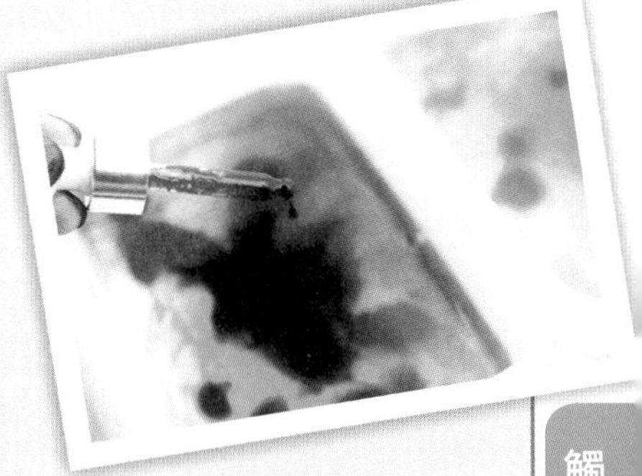

☆遊戲準備

*洋菜粉或明膠（魚膠）
*水
*各種形狀的容器
*食用色素

☆遊戲步驟

①在容器中放入 500cc 的滾水（請父母從旁協助）。

②倒入洋菜粉或明膠，接著快速攪拌，直到全部溶解後，放置一小時使之冷卻。

③冷卻後，在凝固之前，滴入食用色素製造繽紛色彩。

④將它放入冰箱冷藏二十四小時，等待變成果凍。

☆延伸遊戲

*如果孩子已經大於三歲，玩「七彩果凍樂」這個遊戲一段時間之後，可以適時地加入其他元素，幫助孩子延伸學習並加強觸覺刺激。

*刮鬍膏是我常使用的一種素材，材質綿綿、軟軟、滑滑的，這樣的質感，能帶領孩子到另一個觸覺世界。

*在手中搓揉刮鬍膏是平常比較少有的觸感，不妨讓孩子多體驗；家長也能加入與孩子同樂，增進親子關係。

☆ Tracy小叮嚀

*用滾水融化果凍粉這個步驟，由父母代勞。

*孩子利用「捏、抓、摸」來了解果凍的材質；當孩子在進行遊戲時，大腦正在發展思考能力，透過觸感與手中的物質做連結。

*也可以在洋菜粉中加入香料，提高嗅覺刺激。

*遊戲開始前，請做好周遭環境的防護工作，以方便後續清潔。

*父母千萬別怕孩子弄得一片髒亂，要這樣才好玩！

*給予空間，放手讓孩子發揮創意。

*三歲以下的孩子，不建議加入無法食用的元素（例如：刮鬍膏）。

七感遊戲分析圖

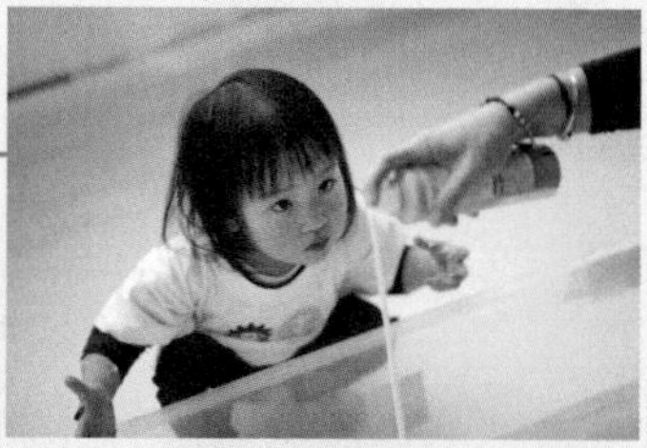

七彩果凍樂

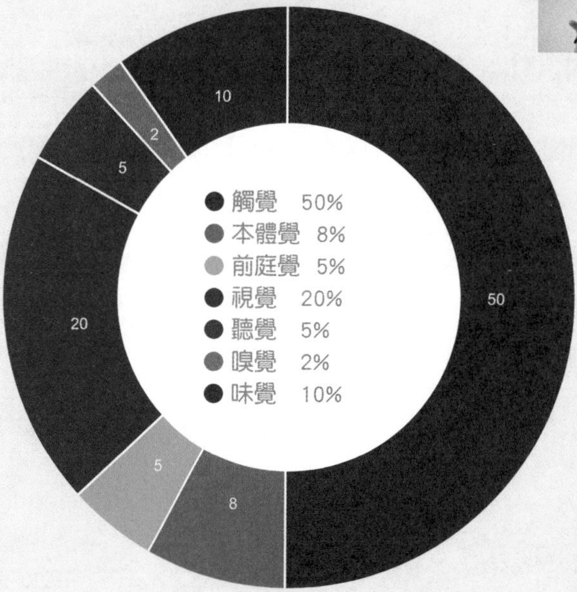

遊戲3 搔搔癢癢好奇妙

父母陪伴孩子成長的日常，若不刻意提供新的刺激，孩子所接觸的物品難免重複。比方說，臉部的觸覺輸入，可能是有人撫摸臉頰，或是親吻；四肢的觸感，可能大部分來自於衣物鞋襪的穿脫，身邊人的擁抱，或是爬行時的摩擦。相形之下，年幼的寶寶活動範圍更小，當觸及的物品有限時，父母所扮演的角色就無比重要了。

孩子的觸覺感官不只是手，而是全身，我們該如何讓孩子的每一寸肌膚都很有感呢？父母可以準備不同材質的小物件，去觸碰寶寶的各個身體部位，增加各類觸覺輸入，有助於豐富孩子對這個世界的認識。

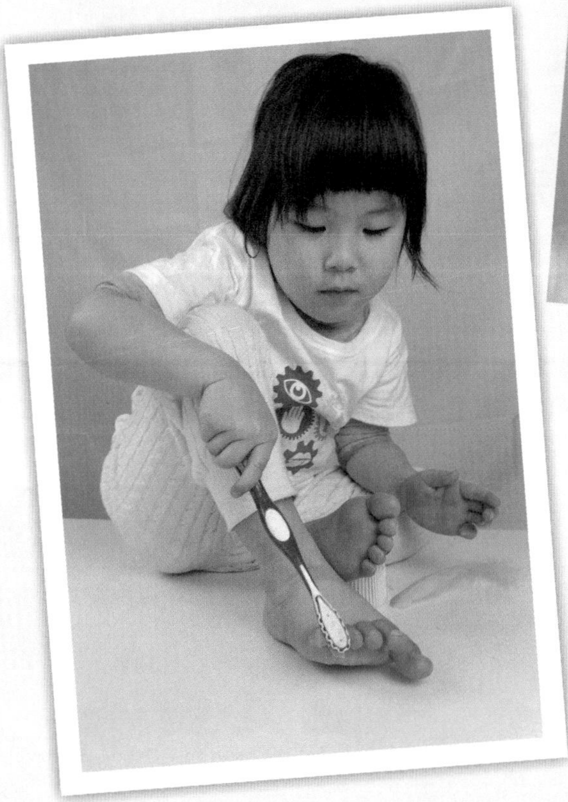

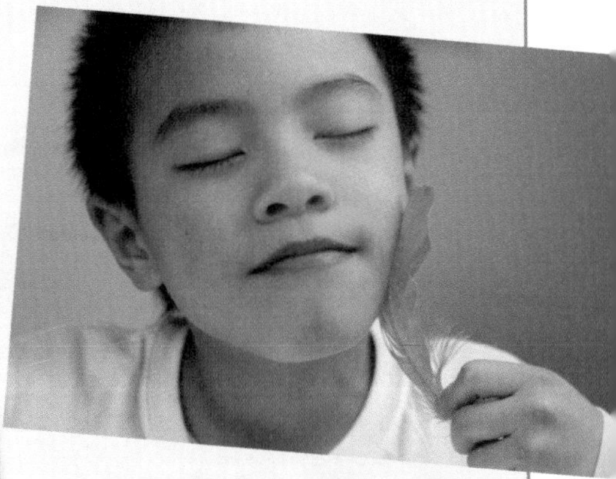

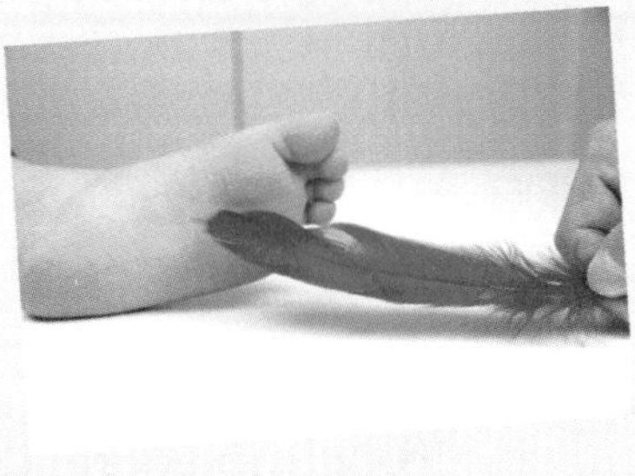

建議年齡：0～2歲

遊戲階段：抽離遊戲

遊戲種類：探索遊戲

髒兮兮程度：★☆☆☆☆

遊戲的價值

- 增強觸覺敏銳度
- 提升觸覺感官層次
- 發展小肌肉及動作精細度
- 提高孩子觀察力
- 幫助注意力集中
- 培養孩子創造力
- 提高自我認知
- 有助建立自信
- 色彩繽紛，有助視覺刺激
- 增加腦部多元神經元

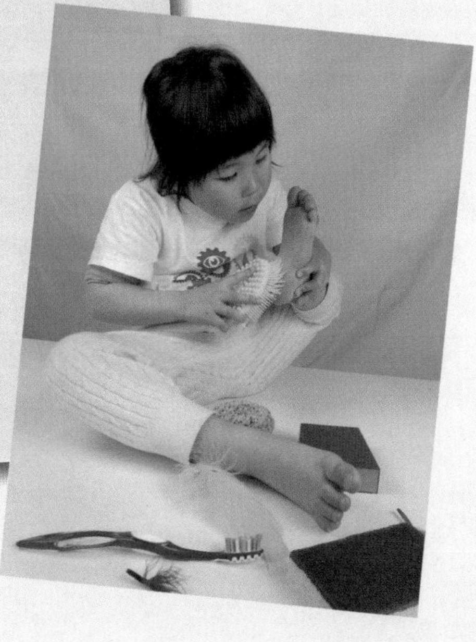

遊戲好好玩

搔搔癢癢好奇妙

☆選擇搔搔癢癢小物件

家裡各式各樣材質的東西，都能當作孩子的玩具——有時最簡單的東西，對孩子的幫助反而越大。在選擇這些搔搔癢的小物件時，只要保持一個原則就行囉！就是生活中容易取得的各種質地、各式各樣物件，都可以拿來供孩子探索。

父母可以突發奇想一下，像是把平常刷牙的牙刷，拿來試試刷腳板底；把做勞作的羽毛，拿來掃掃小臉頰；或是拿洗碗的菜瓜布，輕輕刷一下皮膚，都有著特別的觸感。

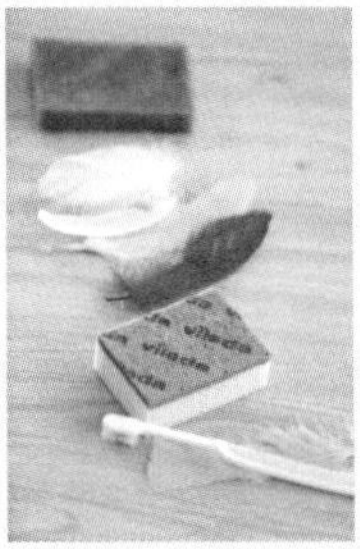

☆遊戲準備

*羽毛
*牙刷
*菜瓜布
*洗澡棉、沙棉
*小刷子

☆遊戲訣竅

*拿羽毛搔搔腳板底，給孩子特殊的觸覺輸入。
*爸媽親自引導，讓孩子自己試著刷刷腳，激起好奇心。
*牙刷和羽毛的材質不同，透過觸碰，孩子很快地就能分辨不同。
*除了腳板底之外，腳趾縫也可以刷刷看喔！
*鼓勵孩子試試拿起不同的小物件在身上刷刷看，啟動小小冒險精神。
*拿羽毛親拂在臉上，跟平常媽媽摸摸臉的感覺大大不同。
*將小手指插入軟刷中，讓布滿觸頭的刷子，接觸孩子的小手掌。
*沙棉表面粗糙，可鼓勵孩子用指甲刮刮看，看有什麼新奇感覺。
*陪孩子一同學習形容詞：癢癢的、粗粗的、滑滑的、軟軟的……

☆ Tracy小叮嚀

*孩子的皮膚嫩，使用表面粗糙的物件時，請留意不要刮傷孩子。

*請勿過度搔癢，以免造成孩子胸腔及腹部疼痛。

*避免選擇太小的物件，以免孩子吞食。

七感遊戲分析圖

搔搔癢癢好奇妙

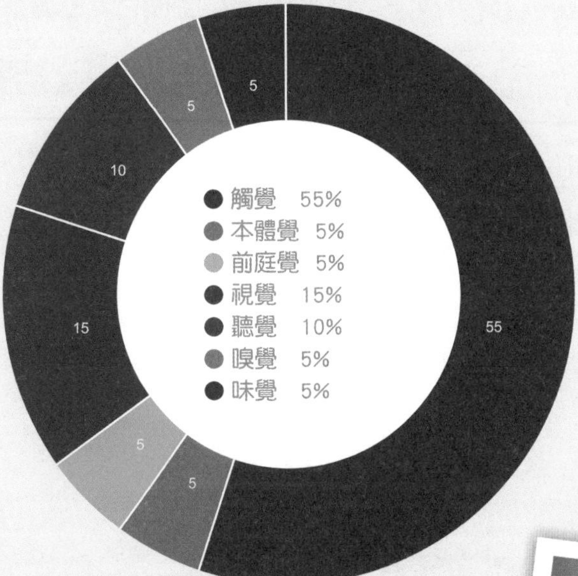

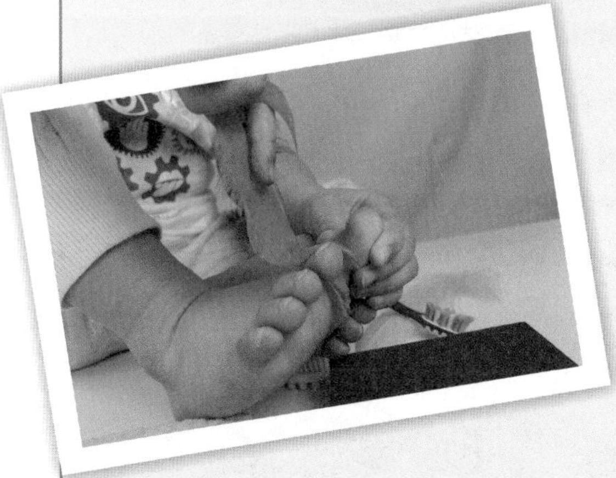

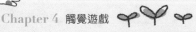

遊戲4 萬花觸覺袋

觸覺袋又稱 Sensory Bag，是一種能促進感官發展的小遊戲。基本上，你可以將任何東西放進透明密封袋中，注入不同密度的液體，例如：黏稠的髮膠、不溶於水的嬰兒油、牛奶、沐浴乳、洗髮精……等。簡單的組合，就能製作出提供孩子許多感官刺激的觸覺袋。

你會發現，孩子在玩觸覺袋時，眼神專注，好奇地進行探索，腦袋裡不停地轉啊轉，看著每個袋中的組合，好奇心大噴發，不斷舞動著小手指——不同的液體，需要不同的力道去推動，在運用小肌肉的同時，也增強了觀察力和專注力。

許多媽媽都說，觸覺袋有一種

觸覺

魔力，孩子一玩可以玩上好久，它不但能讓鼓譟的孩子瞬間緩和下來，還能讓情緒不好的孩子放鬆心情，非常具有療癒功效喔！

建議年齡：1～3歲

遊戲階段：抽離遊戲

遊戲種類：探索遊戲

髒兮兮程度：★☆☆☆☆

遊戲的價值

- 增進觸覺效果
- 加強小肌肉訓練
- 提高孩子觀察力
- 有助於孩子注意力集中
- 培養孩子好奇心
- 提升手腕靈活度
- 具療癒效果，幫助放鬆心情
- 增強觸覺敏銳度

遊戲好好玩

萬花觸覺袋

☆製作萬用觸覺感官袋

媽媽們除了可以把感官袋放在桌上讓孩子觸摸之外，還可試著用大一點的密封袋，將它黏在牆上，讓孩子舉起手觸摸，有助上手臂肌肉發展。或者，也可將密封袋黏在地上，做成感官步道，提供腳底神經刺激。

☆遊戲準備

*食用色素
*密封袋（數個）
*髮膠
*嬰兒油
*多元內容物：玩具眼睛、鈕扣、水晶珠、亮片、寶石、彩色絨毛球

☆遊戲步驟

萬花觸覺袋A：詭異綠眼睛

①把髮膠擠入密封袋中，製造濃稠感。
②於袋中加入綠色食用色素；接著再加入一些玩具眼睛。
③讓孩子用手擠壓推動，將髮膠和色素混合均勻。
④製作完成後，用膠帶將密封袋周圍加強密封，以防外露。
⑤讓孩子運用小小手指推動玩具眼睛，或將眼睛翻正，有助於小肌肉發展。
⑥髮膠較濃稠，擠壓抓捏須費一些力，有助於鍛鍊抓握能力。
⑦也可將觸覺袋放在眼前，透視另一邊的世界變成綠色的樣子。

萬花觸覺袋B：油水分離觸覺袋

①將食用色素加入清水中。
②將嬰兒油擠入密封袋中——請孩子幫忙擠壓，用力抓握能促進小肌肉發展。
③將備好的色素水倒入。讓孩子自己發現油水不能融合的原理；在動動腦筋的同時，孩子的情緒也能達到舒緩，增進專注力。
④使用不同的油類、變換油的顏色，提升更豐富的視覺感受。
⑤讓孩子上下搖動將油水混合；鼓勵思考油與水之間的關聯。

☆延伸遊戲

*其他素材：髮膠＋水晶珠；髮膠＋亮片；髮膠＋寶石；髮膠＋彩色絨毛球……

*孩子用手指推動不同硬度的內容物時，也提高了觀察力。

*不同的內容物，能讓孩子發揮無限想像力。

*將感官袋黏在牆上透光，更是另一種視覺刺激。

☆Tracy小叮嚀

*幾個月大的孩子玩這個遊戲時，放入觸覺感官袋中的內容物簡單就好。

*請記得將密封袋四邊用膠帶封好，以防內容物流出來。

*綠色食用色素較難洗去，小心別沾到衣物。

七感遊戲分析圖

萬花觸覺袋

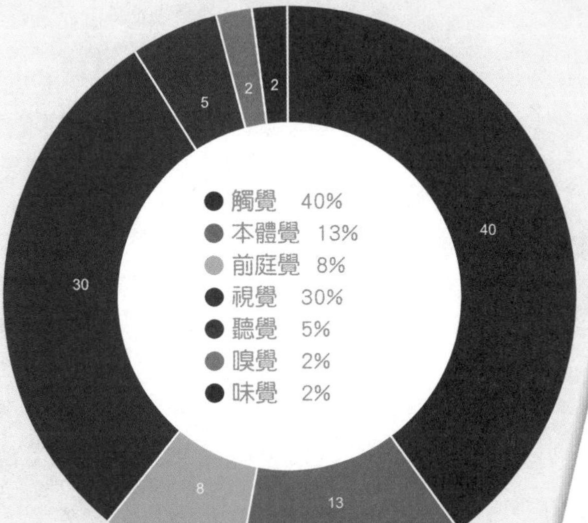

遊戲5 彩虹米粒

如果你曾嘗試買一些玩具，想藉此給孩子多一些感官刺激、多一些觸感輸入，有沒有發現，當孩子有了這些玩具之後，可能就對黏土、魔力沙失去了興趣？在此分享「彩虹米粒」這個遊戲，爸媽可以跟孩子一同製作，整個過程既有趣又充滿觸覺和視覺的刺激，邊做邊玩，增添親子樂。

由於未煮過的米粒體積非常小，孩子們會試圖用小小的手指撿拾單顆米粒，這對於增強精細動作能力非常有幫助。另可加入其他工具：用杯子、碗和勺子來舀取和攪拌米粒，透過混合、鏟、量、抓和擠壓時，能發展書寫技能，增強手腕肌力並促進手眼協調。

在遊戲過程中，孩子可比較大小或體積（哪個杯

觸覺

子可以容納更多的彩虹米），藉此學習簡單的數學。最重要的是，這裡沒有一定的玩法，只要是孩子主導的遊戲，都是最好玩的遊戲。

簡單的遊戲，有著好多意想不到的學習機會。就讓大人小孩一起創造更多驚奇有趣的玩法吧！

建議年齡：2～5歲

遊戲階段：獨自遊戲、合作遊戲

遊戲種類：髒兮兮遊戲

髒兮兮程度：★★★★☆

遊戲的價值

- 大量視覺和觸覺的輸入
- 了解多與少，學習早期數學概念
- 加強孩子手指細部動作和小肌肉發展
- 發揮創造力和想像力
- 訓練手腕力道，為寫作提前做準備
- 增進手眼協調能力
- 增強觸覺敏銳度
- 有助穩定情緒

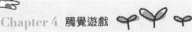

遊戲好好玩

彩虹米粒

☆製作彩虹米粒

製作彩虹米粒其實很簡單，坊間有各種不同的作法，除了加入食用色素之外，也可加水、加醋、加酒精染色。無論用什麼方法，最重要的是顏色均勻，染後要曬得乾透，才能保存得久。

☆遊戲準備

*白米
*酒精
*食用色素
*臉盆或鍋子
*杯子
*收納盒

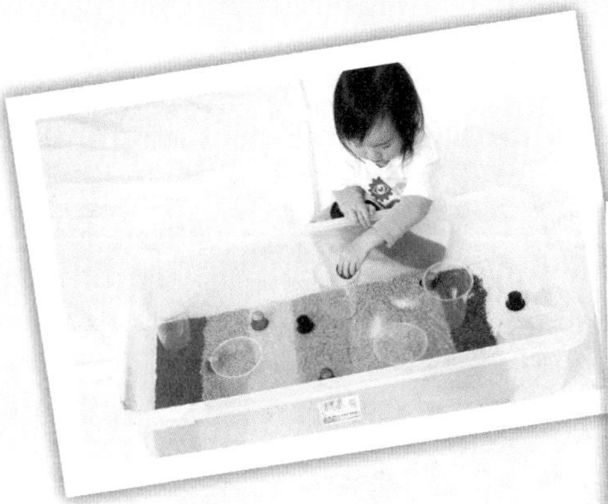

觸覺

☆遊戲步驟

①將食用色素加入酒精，依想要的顏色鮮度來斟酌色素的用量。

②將調好的酒精均勻地倒入裝有米粒的盆中，讓孩子邊玩邊攪拌，直到顏色混合均勻為止。

③若希望顏色更鮮艷，可多加幾滴食用色素。

④孩子用手攪和酒精和米粒的過程，充滿著大量的觸覺輸入。

⑤製作完成，將它放在陰暗處等待全部乾透。

⑥乾透後，依不同顏色分別放入不同收納盒中保存。或者，也可在同一收納盒中混色保存，彩虹式排開，真是視覺一大享受。

☆遊戲訣竅

＊加入一些不同的小工具，讓孩子發揮創意，自創玩法。

＊當孩子看見這些工具時，就啟動了他的思考能力：我該如何下手？這些東西可以幫上什麼忙呢？

＊孩子很快就會發現，這和黏土不同——混合之後，竟是這麼色彩繽紛！

＊孩子會利用不同工具，來達到他們的目標——練習解決問題的能力。

＊孩子在「舀」和「倒」的過程，不但建立了簡單的數學概念，也同時增進了手眼協調能力，並強化手腕的使力。

＊玩這個遊戲時，米粒灑一地是在所難免的，爸媽做好防禦措施，就能讓孩子玩得盡興喔！

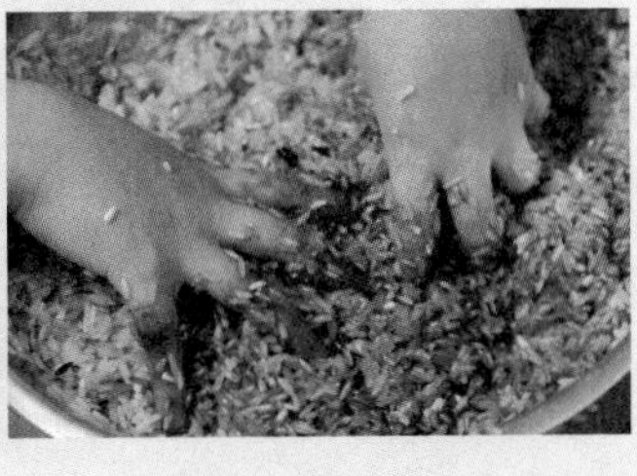

*玩到一半，換個方式——下下米粒雨，也是一種不同的體驗。

*遊戲變化越多，越能引起孩子的好奇心，培養專注力。

☆延伸遊戲

*去五金行買長短不一的透明水管和轉接頭，創造一個更多變化的空間，例如：將管子架高，讓孩子站起來又蹲下，練一練大腿肌。同時透過漏斗，看著因重力而降下的米粒有什麼變化，啟發孩子對科學的好奇心。

*由於漏斗的高度不同，米粒下滑的時間也不同，藉此，孩子有機會去思考原因，慢慢了解高低之間的關係；也可以在遊戲後進一步和爸媽討論心得。

☆Tracy小叮嚀

＊購買平價的白米讓孩子玩就好！

＊將米粒染色後，一定要完全乾燥再裝盒，不然容易發霉。

＊爸媽要做好心理準備，孩子玩這個遊戲時，米粒可能會到處散落，得花點時間整理環境——這也是遊戲的一部分喔！

七感遊戲分析圖

彩虹米粒

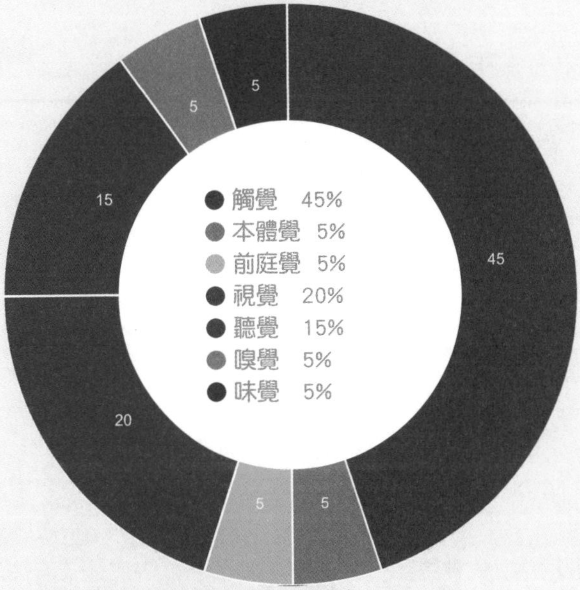

遊戲6 大自然拼圖

生長在都市的孩子很少接觸大自然，頂多就是到附近的公園玩遊樂設施；若要去到更大的公園、森林，總要開車一段時間，因此，孩子接近自然環境的機會相對減少。

繽紛多彩的大自然裡，提供好多玩樂的元素：小石子、落葉、樹枝、泥土、松果……這些看似簡單、卻能在遊戲中發揮大功用的小玩意兒，孩子在無壓力的環境下，能盡情發揮創意，任意堆疊，認真拼貼。如果有機會讓孩子在大自然中天馬行空揮灑創意最好，若沒辦法，我們可以試著把大自然帶回家，在家中營造自然環境的氣氛。

雖然在家中少了大自然的新鮮空氣，但只要用些心思，還是可以讓孩子接觸自然好物，即興玩創意！我常常帶著孩子，在樹林野地到處撿落葉、樹枝、枯果、大小石頭……回家做一些殺菌處理，便能存放一陣子。這樣一來，孩子天天都能接觸大自然物件。

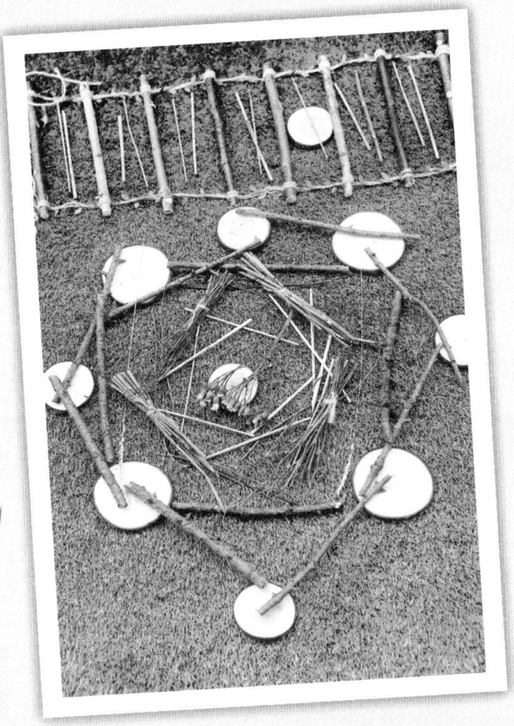

觸覺

建議年齡：3～10歲

遊戲階段：平行遊戲 、聯合遊戲

遊戲種類：大自然遊戲、建構遊戲

髒兮兮程度：★★☆☆☆

建議父母們，不須給孩子買昂貴的塑料拼圖，這些大自然的小物件既免費，又千變萬化，反而更能引發孩子的好奇心和創造力。父母可以從生活周遭主動開始收集大自然小物件；在孩子面前先展開行動，孩子也會自然而然跟進，玩得不亦樂乎！

遊戲的價值

- 認識及接觸大自然
- 增進觸覺認知能力
- 提升手眼協調能力
- 透過計畫、編排，培養組織能力
- 發揮想像力、創造力
- 培養三維空間感和建構能力
- 提高孩子觀察力
- 增進專注力及解決問題的能力

遊戲好好玩

大自然拼圖

☆大自然拼圖製作

在家中創造大自然的環境雖不容易，但只要多發揮巧思，還是能打造簡單的雛型。如果你有小陽台，或是家中一個小角落，只要放上一塊具有強烈觸感的草皮，再加一些木製材料和一些大自然的元素，大自然角落便能打造完成。

☆遊戲準備

* 假草皮
* 大自然物件：木片、樹葉、樹枝、松果

☆遊戲訣竅

* 在家中找一個空間，鋪上假草皮，仿造大自然環境，創造在家也能做自然拼圖的遊戲。
* 收集各式各樣的天然物資，讓孩子多接觸形形色色的大自然物件。
* 孩子們可自由進行不同的排列，拼貼出不同的圖案，發揮創意。
* 父母可跟著孩子一起玩，給孩子模仿機會，看見更多可能性。
* 父母鼓勵孩子，利用堆疊，認識平衡力；用麻繩捆綁，練小肌肉；排列樹枝，增強組織能力。
* 孩子們可以討論共同設計圖案、如何分工進行，達到團隊合作的精神。
* 一群孩子一起玩，在互動討論中，增進社交能力。
* 這是一種開放式的遊戲，讓孩子發揮無限想像空間；孩子的創造力和想像力，往往讓爸媽感到無比驚訝。

觸覺

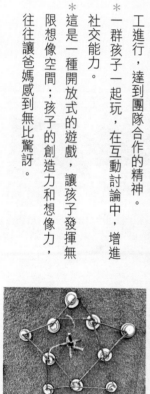

☆ Tracy小叮嚀

*提供孩子一個完全自由的創造空間，盡情發揮，無須給予指導。

*將樹枝、落葉帶回家存放之前，請先用肥皂清洗乾淨。

七感遊戲分析圖

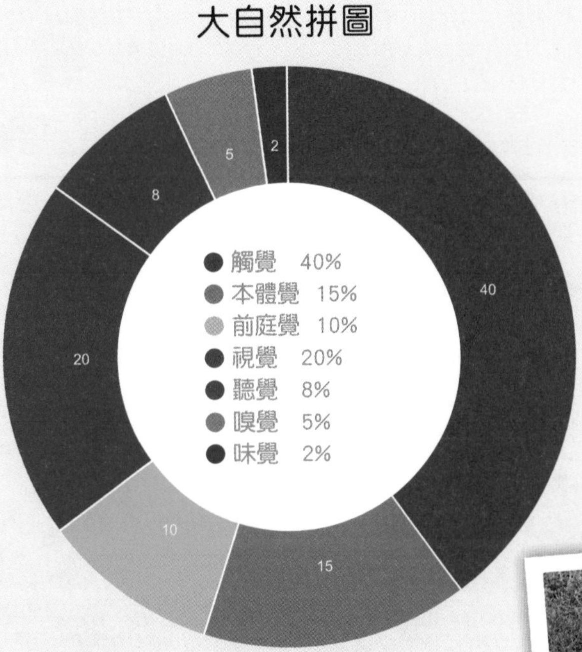

遊戲7

南北極動物派對

冰塊是一種令人驚嘆的遊戲材料。孩子通常覺得冰凍的感覺非常奇特，父母只要給孩子一小塊冰，就能引起他們大大的興趣。

孩子手上握著冰塊，可以任它滑來滑去，一下子拿來舔，一下子放在臉上。你可以看見孩子做著重複的動作，因為這些舉動正在刺激著孩子的頭腦；在玩的過程中，孩子有好多大發現，也有好多問題，透過不斷重複的動作，試圖自己找答案——剛才那是什麼感覺？為什麼它會滑來滑去？為什麼它會越變越小，到最後變成一灘水？父母可以小從一塊冰，大到設計各類與冰塊有關的遊戲，透過創造不同的主題，在不同的季節玩冰，延伸孩子的學習，也擴展了新鮮的體驗。

「南北極動物派對」遊戲，讓孩子接觸冰塊之餘，還可順便帶領他們探索南北極，認識不同的雪地動物。

建議年齡：2～8歲

遊戲階段：聯合遊戲

遊戲種類：探索遊戲、社會戲劇遊戲

髒兮兮程度：★★★☆☆

遊戲的價值

- 增進觸覺感知能力
- 發揮創意和想像力
- 鼓勵推想故事情節
- 提高自我控制能力
- 培養專注力及解決問題的能力
- 建立孩子的詞彙量
- 提升社交能力（與同儕同樂時，玩角色扮演）

遊戲好好玩

南北極動物派對

☆製作南北極冰塊

為了創造不同的視覺效果，可以調製出不同深淺度的藍；再加上牛奶，仿造南北極的冰。記得藍色色素不能加太多——藍色太深，就不像南北極的冰雪世界了喔！

☆遊戲準備

*水
*牛奶
*藍色食用色素
*製作冰塊的小容器
*大收納盆
*各類南北極動物造型玩偶

☆遊戲步驟

① 準備牛奶、藍色色素，倒入不同容器攪拌後，放置冷凍庫冰凍二十四小時，用來製造仿南北極冰川場景。調配顏色時，可不斷嘗試，調到最適當的狀態；深淺不同，可達到不同的視覺效果。

② 將冰凍後的冰塊一一取出，放入大型收納盆。

③ 在冰塊之間加入水和些許藍色色素（一兩滴即可），仿造冰川河流。

④ 加入各類南北極動物，給孩子一些題材編故事。親子一邊玩，一邊說故事，寓教於樂。

⑤ 孩子手碰冰塊的觸覺感非常強烈，引導孩子描述那種感覺。

⑥ 陪孩子一起模擬、創造出南北極冰上樂園——企鵝滑冰、北極熊游泳、白鯨跳水等。

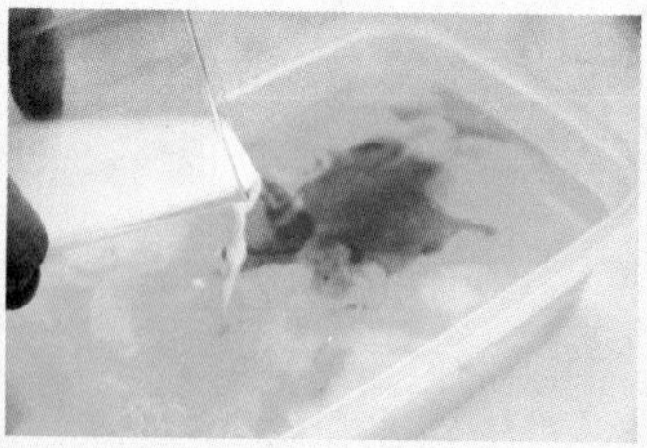

觸覺

☆Tracy小叮嚀

＊提醒孩子，太冰的話，要先放下冰塊，暖一暖手，以免凍傷。

＊父母在一旁說說南北極的故事，增加孩子臨場的想像力。

＊分別把南極、北極的動物說明清楚，別誤導了孩子。（例如：企鵝只出現在南極，北極熊則住在北極。）

七感遊戲分析圖

南北極動物派對

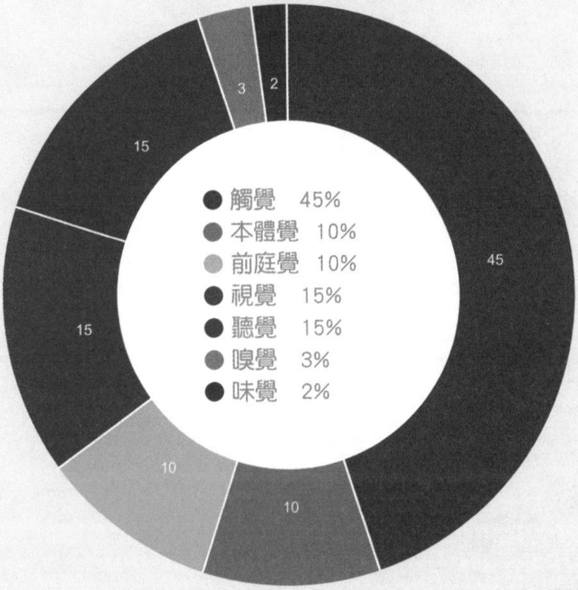

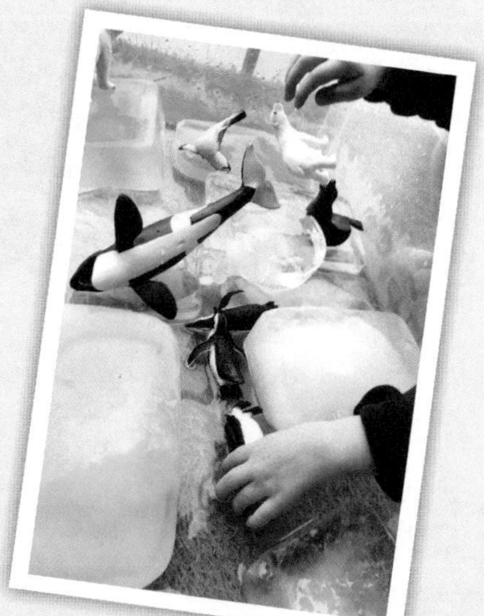

遊戲8 夏天堆雪人

想在冬天見到雪，不一定要出國；甚至，如果你想在夏天玩雪，也絕對可以唷！只要花點心思，在家裡就可以輕鬆製造出白花花的雪，既經濟又實惠！

從前跟孩子住在台灣和香港，那時要見到雪景非常困難，孩子常嚷嚷著希望可以玩雪。坊間有許多自製雪的方法，有些人買簡易造雪機——我覺得那太花錢；也有人把碎紙泡濕，再利用攪拌機攪碎——我嫌它太費工。為了讓孩子體驗冰雪的暢快感，我曾試著刨冰給孩子玩，但三兩下就變成一灘水；也曾做冰團給孩子堆雪人……無論如何，就是無法做出雪的質感。

身為媽媽，隨時隨地都需要明快精準。在此介紹的自製雪方法，只需要兩種成分，就能簡簡單單製造出白花花的雪，讓孩子玩得開懷不已！原來，蘇打粉

加入適量水之後，放入冰箱數小時，就能給孩子創意無限的堆雪遊戲。這個遊戲能讓孩子發揮想像力及創造力，在沒有任何規範之下，加入許多裝飾的材料，孩子可以專注地玩上好幾個小時呢！

建議年齡：2~8歲

遊戲階段：聯合遊戲

遊戲種類：探索遊戲、社會戲劇遊戲、創造力遊戲、髒兮兮遊戲

髒兮兮程度：★★★★☆

遊戲的價值

- 刺激觸覺發展
- 認識溫度的高低
- 加強抓握的能力
- 增強小肌肉力量
- 發揮想像力及創造力
- 增進精細動作的協調
- 幫助反向思考，夏天也能玩雪
- 舒緩及穩定情緒
- 發揮團隊精神

遊戲好好玩

夏天堆雪人

☆製作白花花的雪

網路上有許多簡單的自製雪方法，除了這裡介紹的蘇打粉加水之外，有些媽媽會利用刮鬍膏或潤絲精來代替水，製造不同觸感。你也可以試試看喔！

☆遊戲準備

*蘇打粉
*水
*大臉盆
*密封袋
*雪人小裝飾

☆遊戲步驟

①將準備好的蘇打粉（約454g）放進盆子裡，加入水（約100～200cc）。
②攪拌混合後，繼續酌量加水，直到達到你想要的質感。
③當感覺已經接近雪的質感，便將它放入密封袋中，置入冰箱冷藏三小時。
④取出後，放入盤中，便可堆雪人囉！

☆遊戲訣竅

*搓揉擠壓，不但刺激觸覺，也同時讓孩子練小肌肉力量。
*孩子們共同合作，製造出心目中獨一無二的小雪人。
*雙手合作將雪搓成圓形，促進手眼協調能力。
*孩子在用心設計雪人時，也正在動腦，計畫著各項細節。
*遊戲中，陸續提供可點綴的小裝飾品，讓孩子發揮更多可能性。

觸覺

*遊戲結束後，將自製雪裝入密封袋中，放回冰箱冷藏，以供之後重複使用。

☆Tracy小叮嚀

*避免讓孩子誤食蘇打粉。

*請勿將做好的雪放入冷凍庫，容易過硬。

七感遊戲分析圖

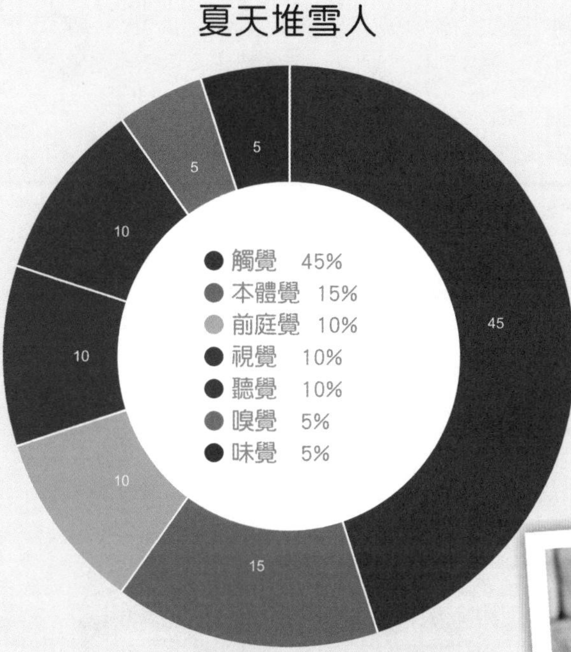

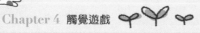

遊戲9 千變萬化麵粉團

玩麵粉這項遊戲，相信大家都不陌生。不管是只玩玩麵粉加水，或是互撒麵粉，對孩子來說，都是非常刺激有趣的。如果你是廚藝精湛的媽媽，舉凡擀餃子皮、做包子、做麵條，都會經歷做麵粉團的步驟；如果孩子在旁，也能充當小小廚師，幫媽媽攪和麵粉。

麵粉之所以這麼吸引人，是因為它乾燥時呈粉狀，加水後變得黏稠，搓揉後則變成團狀——這種狀態的改變，對孩子來說，就是一場奇妙的變化。手部的觸覺多變，麵粉黏在手上邊搓邊揉，孩子將發現麵團會因為手的帶動，不停地改變形狀；因為沒有固定的玩法或是必然的成品，孩子可任意發揮想像力和

創造力，捏出自己喜愛的樣子。這時若再加上不同顏色，更豐富了視覺的體驗。

對孩子來說，玩麵粉是一種小小手指的大大運動，可藉此發展手腕精細動作，加強肢體協調，也促進身體和大腦的發展。

建議年齡：3～6歲

遊戲階段：獨自遊戲、聯合遊戲

遊戲種類：探索遊戲、創造性遊戲、髒兮兮遊戲

髒兮兮程度：★★★★☆

遊戲的價值

- 發展觸覺感知能力
- 加強小肌肉發展
- 提高想像力和創造力
- 發展精細動作能力
- 練習手眼協調能力
- 訓練上肢協調能力
- 促進手部肌肉發展
- 增加空間認知能力
- 獲得情緒上的滿足

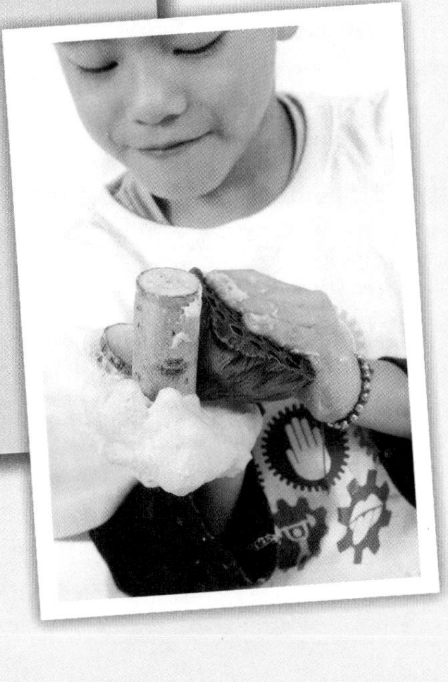

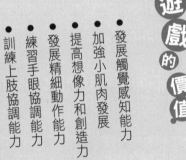

遊戲好好玩

千變萬化麵粉團

☆製作麵粉團

整個玩麵團遊戲交由孩子主導，從倒麵粉、加水，都讓他們自己來。父母可陪同玩樂，但不指導也不多說話。孩子在無拘無束、自由自在地玩麵團時，心情會開朗，感受到自我控制的樂趣，也讓平常比較缺乏自信或內向的孩子頓時信心大增。

☆遊戲準備

*大盆子
*麵粉
*水
*食用色素
*玩黏土的工具
*其他裝飾物品

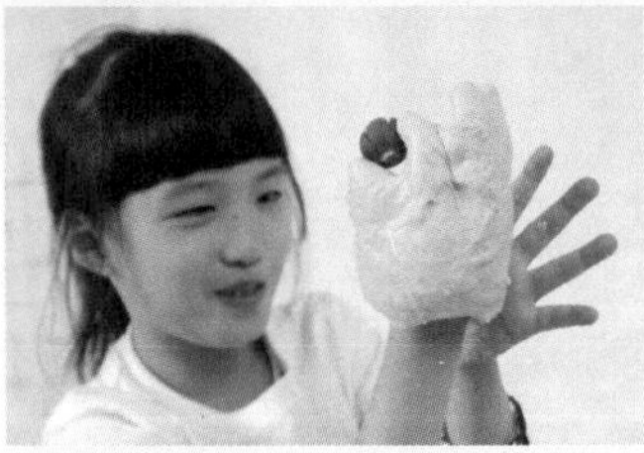

☆遊戲訣竅

＊讓孩子將水加入麵粉中，一邊看著水倒入麵粉的變化。
＊用手攪和麵粉，享受各種不同的觸覺輸入。
＊無論是乾澀的顆粒，或過濕的黏稠感，孩子們都專注地感受著。
＊提供不同的工具，輔助創造出不同的大小及形狀。
＊加入食用色素後，發揮大小肌肉的力量，將顏色調均勻。
＊孩子透過雙手搓揉、捏、按壓，觀察著麵粉的變化，也提升了抓握能力——這是手指肌肉強大的訓練。
＊麵粉團完成，可以開始玩囉！麵粉團可任意揉捏，啟發多樣的創意。
＊玩黏土沒有一定的成品，隨時結束都是一件藝術品。
＊玩麵粉團的工具越精細，孩子的動作就越精細，練習到的小肌肉也越精進。
＊雙臂提高，雙掌搓揉，不但能訓練上臂大肌肉，還能增進手眼協調能力。

☆延伸遊戲

＊提供的材料越多，孩子發揮的創意越大。麵粉除可加入色素添加色彩之外，也可加入各類香料粉，同時刺激了嗅覺感官。

＊要增進視覺及觸覺感官的刺激，也可加入閃粉和亮片，與麵粉拌勻，更具顆粒感。

＊可提供孩子一些大自然物件，讓他們自由發揮。

＊這又是什麼藝術品？媽媽妳看：我有麵團手！把手包起來也是一種玩法。孩子自由發揮創意後，會自豪地展現他們的作品。

☆Tracy小叮嚀

＊擔心孩子玩到無法收拾的話，請在遊戲地點預先做好防護準備，讓孩子自由發揮創意，盡情地玩。

*玩這個遊戲時，千萬別怕髒，以免阻礙了孩子無限的探索機會。

*讓孩子主導，父母不要有太多規範和指導。

七感遊戲分析圖

千變萬化麵粉團

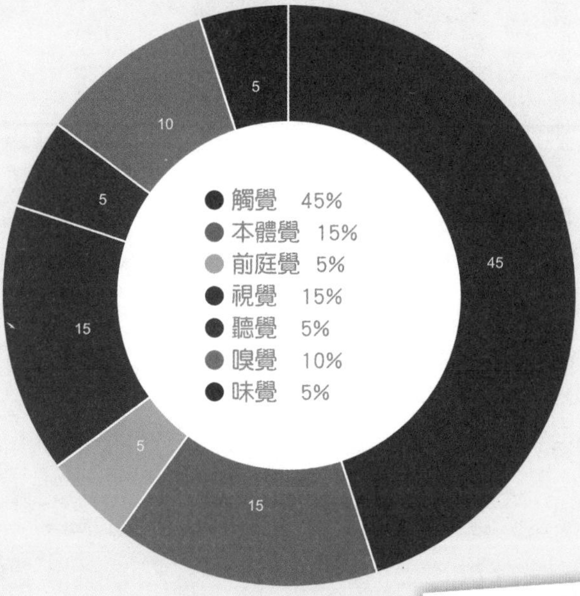

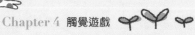

遊戲10

刮鬍膏作畫

在家玩髒兮兮遊戲的必備材料，除了麵粉、太白粉、蘇打粉之外，就非刮鬍膏莫屬了。刮鬍膏的觸感特殊——滑滑的、軟軟綿綿、蓬蓬鬆鬆，透過遊戲，讓孩子接觸不同質感的物件，給予皮膚不同的刺激，孩子可自由探索，盡情發揮。刮鬍膏也是國外早教機構中常用的感官遊戲材料，提供老師們在設計觸覺遊戲時，增加更多可能性。

刮鬍膏真是太好玩、有太多變化了——在刮鬍膏裡加入麵粉、蘇打粉，可以做泡泡畫；加入太白粉、細沙，可自製動力沙；加入顏料，可做成泡泡塗鴉；有些媽媽也會將刮鬍膏塗抹在家中的小型溜

滑梯上，讓孩子穿著泳衣滑下來，讓觸覺輸入延伸到全身。現在就來介紹一個簡簡單單，又令孩子驚喜無比的刮鬍膏轉印畫。

建議年齡：2～6歲

遊戲階段：聯合遊戲

遊戲種類：髒兮兮遊戲、探索遊戲、創造性遊戲

髒兮兮程度：★★★★☆

遊戲的價值

- 千變萬化的觸覺享受
- 鮮豔色彩提供大量視覺刺激
- 培養創造力及專注力
- 學習顏色混合概念
- 培養自主能力，提升自信心
- 訓練手指精細動作
- 練習解決問題能力
- 提升獨立思考能力

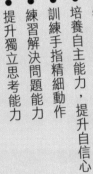

遊戲好好玩

刮鬍膏作畫

☆製作刮鬍膏畫作

刮鬍膏的遊戲實在非常多樣化，這裡介紹的是利用顏料和刮鬍膏作畫，再轉印到紙張上。孩子仔細觀察自行勾畫出來的混色圖樣，再小心翼翼地轉印到紙上，過程中需要一定的專注力及手眼協調能力才能完成。完成一幅美美的畫，孩子無形中增添了自信；最後再盡情地用手玩樂，更達到遊戲的最佳趣味！

☆遊戲準備

*刮鬍膏
*食用色素或顏料
*盆子
*牙籤或冰棒棍
*紙張

☆遊戲步驟

① 將刮鬍膏擠在盆子裡。

② 滴入不同顏色的食用色素，接著，用冰棒棍或牙籤挑出紋路，或者用小手指去攪拌一下。

③ 在攪拌的過程，也能聞到刮鬍膏涼涼的薄荷味。

④ 美麗的彩色大理石紋路出來了，將它轉印在紙上，會有意想不到的效果。記住，整張紙面都要壓到，才能完整轉印。這樣隨時在改變的圖樣，真是令孩子歎為觀止。

⑤ 繼續混色，孩子會發現顏色慢慢不同，產生各式各樣有趣的變化。

⑥ 當一張張的轉印畫完成後，就讓孩子放手去玩刮鬍膏，繼續發揮更多創意。

⑦ 和同伴一起玩，細細研究刮鬍膏在遊戲中所帶來的觸感刺激。

觸覺

☆Tracy小叮嚀

＊小心！別讓孩子把刮鬍膏吃進嘴裡，或抹進眼裡。

＊徒手攪拌滴入食用色素的刮鬍膏時，手會沾染上顏色，不易洗去；建議在攪拌前，先在手上塗抹一層嬰兒油，之後較容易清洗。

七感遊戲分析圖

刮鬍膏作畫

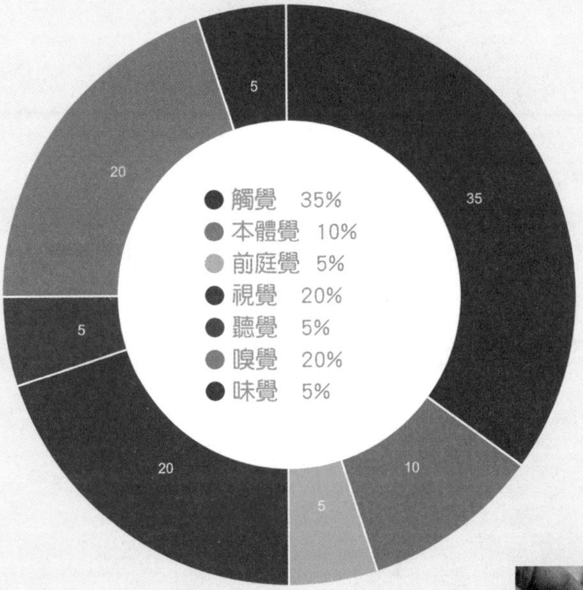

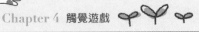

Chapter 5

前庭覺遊戲

前庭覺最主要的功能是維持平衡，調整肌肉張力。
前庭覺讓孩子能感受到地心引力的作用，
透過身體變換姿勢，頭部不斷地轉動，
來偵測方向、調整速度，而達到人體的平衡。
如果前庭覺發展良好，
能輕易達到追趕跑跳這些基本動作，
有助提高孩子的社交能力、身心發展、
情緒穩定及自信心的建立。
如果前庭覺發展不良，
孩子可能無法做出一些基本動作，進而影響日常生活。

遊戲1 盪盪布鞦韆

我們在公園都盪過一般的鞦韆，但這種布鞦韆有玩過嗎？在感統治療室裡，這種布鞦韆是必備的。有別於一般鞦韆，這種布鞦韆可以正躺、反躺、跨坐、直坐，在盪來盪去之中，實在是太好玩了！除了不斷刺激前庭覺、豐富平衡感，還有一種莫名的刺激感。在這個玩法變化多端的布鞦韆上擺盪，孩子的身心發展越盪越豐富喔！

但為什麼用布做鞦韆？因為無論你在上面是一種怎樣的狀態，孩子身體接觸布鞦韆的範圍大，因重力會對身體產生一種壓力，那種包覆感，模擬著在媽媽肚子裡的感覺，不但舒

坦、建立安全感，也有助於孩子鍛鍊身體肌肉。
這樣懸掛在空中，不僅有一種自由自在的感覺，也充滿著冒險精神。

建議年齡：1～8歲

遊戲階段：獨自遊戲、合作遊戲

遊戲種類：體能遊戲

髒兮兮程度：★☆☆☆☆

遊戲的價值

- 刺激前庭覺，訓練平衡感
- 建立肌耐力、身體協調能力
- 訓練伸展能力和穩定性
- 發展大肌肉的靈活度
- 學習重力概念及空間概念
- 練習自我搖擺，訓練核心肌肉
- 在布鞦韆包圍下，刺激觸覺，提升安全感
- 增進觀察力、注意力
- 增進手眼協調能力
- 鼓勵冒險精神
- 緩和情緒和不安
- 增進親子關係

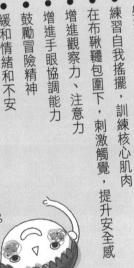

遊戲好好玩

盪盪布鞦韆

☆遊戲準備

*布鞦韆
*天花板強力掛鉤
*軟墊
*籃子
*球

☆遊戲訣竅

*年幼的孩子，由父母抱著在鞦韆上擺盪，可以安撫孩子的不安情緒。
*布鞦韆無施力點，請父母協助孩子上鞦韆，找到平衡。
*孩子趴在布鞦韆上，享受自由飛翔的感覺，同時刺激前庭覺、核心肌肉，也提升空間感。
*孩子除了靠自己的力量盪鞦韆，父母也可幫上一把，增加刺激度，親子同樂。
*坐式的包覆更具安全感，也更需要平衡。
*讓孩子自己搖擺，須用到全身力量，同時也發展大肌肉的靈活度。
*可以換換位置，讓孩子在不同的視野，用不同的角度看世界。
*給孩子主導的機會——像是加入大人該怎麼玩才好玩。從中，不但能增加孩子的自信心，也練習語言能力。
*大一點的孩子，可給予難度稍高的遊戲，例如畫圈圈式旋轉。
*父母可準備籃子和球，讓孩子在擺盪時，瞄準並投射，可練習手眼協調，訓練動作計畫和手力。
*在盪鞦韆時，背部要挺直，核心肌肉用力，可增進大肌肉靈活度和協調能力。
*父母可以躺在鞦韆下，和孩子保持親密互動，更增添親子情感。

☆延伸遊戲

布鞦韆除了不同坐法、躺法，在上面盪來盪去，還有許多延伸遊戲讓孩子邊玩邊學習。例如：一邊盪布鞦韆，一邊投球入籃中，練習手眼協調；上下左右畫圈圈式的盪法，也可增加空間感的認知。

☆Tracy小叮嚀

＊協助孩子趴、躺，或坐在正確的鞦韆位置上，找到平衡點。

＊下方可放置枕頭、軟墊，增加安全感。

＊鞦韆架得越高，下面墊子要越厚。

＊鞦韆可貼近地面一些，相對較安全。

七感遊戲分析圖

盪盪布鞦韆

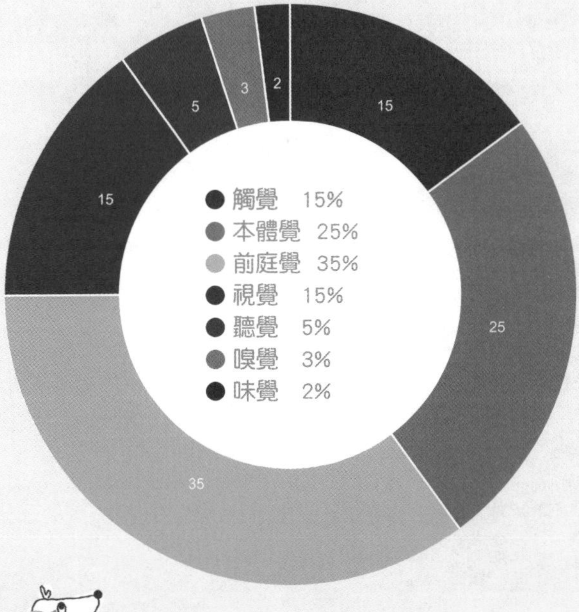

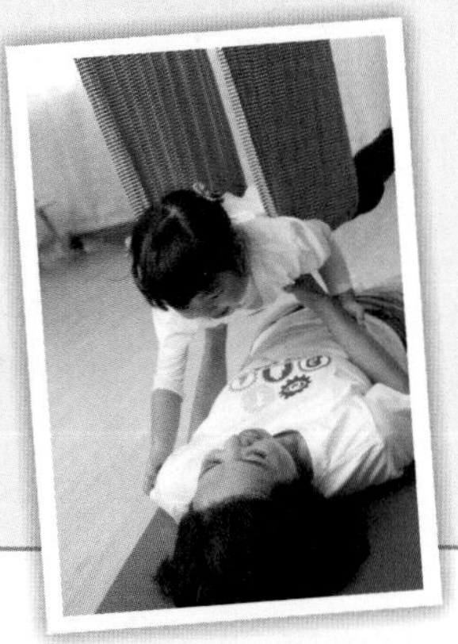

遊戲2 晃晃運動球

這類運動球在健身房叫健身球，在瑜伽室叫瑜伽球，在感覺統合訓練室叫感覺統合球或治療球，可見它的好處多多，用處也多多。感覺統合球是非常好的幼兒鍛鍊教具，就連大人腰痠背痛，都可以靠它來伸展筋骨，鍛鍊核心。

孩子除了透過「推、滾、彈、踢」鍛鍊大肌肉，也可以趴或坐在上面，上下彈跳或前後左右搖晃，都是鍛鍊前庭覺和本體覺的好方法。另外，請孩子躺下，把球壓在身上或背上滾動，做深層身體按摩，也能增強觸覺感官的輸入。

藉著這些動作，孩子的頭部搖晃，可

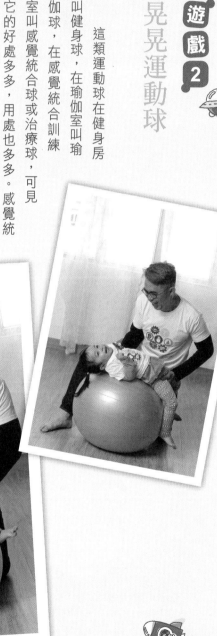

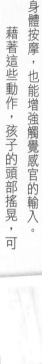

以訓練他們控制自己的頭部，加強頸部肌肉，也強化肌肉張力。爸爸媽媽加入一同玩樂，增進親子情感。

建議年齡：1～8歲

遊戲階段：獨自遊戲、合作遊戲

遊戲種類：體能遊戲

髒兮兮程度：★☆☆☆☆

遊戲的價值

- 刺激前庭覺，訓練平衡感
- 刺激本體覺、肢體大動作發展
- 加強身體協調、軀幹穩定控制能力
- 增強對空間的概念及認知
- 增強上臂耐力
- 訓練核心肌肉
- 預防脊椎側彎、駝背
- 增進手眼協調能力
- 增進親子關係

遊戲好好玩

晃晃運動球

☆遊戲準備

*寬敞空間
*運動球
*小桶子或盆子
*小球
*沙袋

☆遊戲訣竅

*推著大球走路，練習身體協調、動作計畫能力。
*坐在球上彈跳，頭部上下變換位置，促進前庭發展。
*由大人協助，在球上彈跳，強化大肌肉，也加強平衡感。
*在球上趴躺、仰躺，變換視覺角度，增進空間感。
*由大人輔助，讓遊戲提升——前後滾動大球，讓孩子瞄準後，拋出沙袋，加強手眼協調、動作計畫能力，也增進身體協調感。
*大孩子可以拍打運動球，鍛鍊上臂肌肉。
*大孩子可以坐在運動球上，試圖放開雙腳，穩定身體，提升核心，保持平衡。
*大一點的孩子可以自己控制身體，利用大球左右伸展大小腿肌肉，也鍛鍊平衡感。
*用手撐住保持姿勢，能加強上臂肌力，也鍛鍊核心肌耐力。
*往前爬行，讓運動球幫你做個全身按摩；前進時，腦中也仔細地計畫每一步，既要保持平衡，又不能掉下來，難度非常高。
*孩子學會走路之後，鮮少用雙臂施力；藉此遊戲——將大球撐壓在地上——能鍛鍊手臂和手腕力量。
*躺在球上，向上仰望，加強頸部、背部、核心肌肉之外，也讓全身來個大伸展。

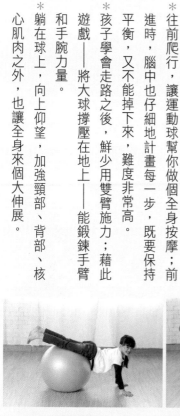

☆Tracy小叮嚀

＊較小的幼兒，可選擇直徑約四十五公分的球。

＊運動球的氣不須充太滿（約百分之八十即可），彈跳時幅度較大。

＊當孩子感到害怕、哭鬧或情緒不佳時，不建議進行。

＊孩子在球上彈跳、趴躺或仰躺時，大人須扶好孩子腋下兩側，以策安全。

＊盡量遠離尖銳的家具或物件，以防運動球爆破漏氣。

七感遊戲分析圖

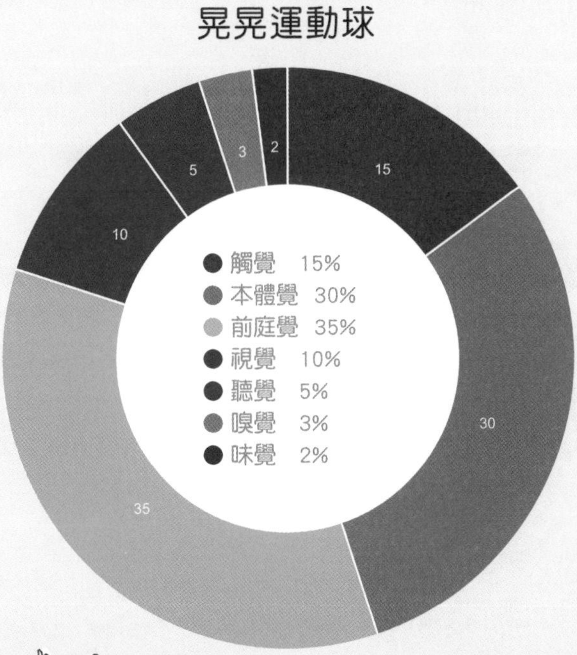

遊戲3 搖搖棉被搖籃／滾滾棉被熱狗捲

只要一件棉被、毯子，或是一條大毛巾，在家就可以透過遊戲，輕鬆達到各種感官刺激。當我們還在媽媽的肚子裡時，媽媽走啊晃的，就已經給予我們無限的前庭享受；直到孩子出世，也持續期待著這種搖晃的感覺——難怪我們餵奶哄睡，都要走走動動搖搖，孩子才會感覺滿足地睡去。

當孩子大了，體重增加，抱久搖晃難免會讓媽媽感到十分吃力。這時可以找爸爸來幫忙，拿一條棉被，兩人將寶寶放在棉被中央，拉起四端，慢慢升起，透過左右搖晃，前後擺盪，孩子又回到那前庭被刺激的舒服、安全狀態，重溫在媽媽肚子裡的感覺——被深深保護著。

另一種遊戲玩法，是將孩子放在大毛巾或毯子的一端，透過在地上滾動，完全將被毯捲起包覆身體，藉由滾動、旋轉的刺激，促進平衡感；而在滾動的過程，會用到全身

肌肉，也同時加強了本體覺。

像這樣，將孩子緊緊地包住——如熱狗一般，提供溫暖擁抱的同時，也給予深深的觸覺輸入；頓時，孩子猶如在媽媽肚子裡被包圍著，充滿安全感。

建議年齡：6個月～6歲

遊戲階段：獨自遊戲、合作遊戲

遊戲種類：體能遊戲

髒兮兮程度：★☆☆☆☆

遊戲的價值

- 增進親子親密度
- 全身觸覺感知輸入
- 頭部晃動，刺激前庭覺
- 左右搖擺，訓練平衡感
- 建立空間感意識
- 毯子包覆，提升安全感
- 增進觀察力、注意力
- 幫助舒緩情緒

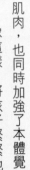

遊戲好好玩

搖搖棉被搖籃／滾滾棉被熱狗捲

☆遊戲準備

*棉被

*大毛巾或毯子

☆遊戲訣竅

*和寶寶玩棉被搖籃，可以上下、前後、左右進行移動，甚至畫圈圈式旋轉，都能讓孩子刺激前庭覺，提升空間感。

*跟寶寶一起玩搖籃的過程，藉由父母與孩子的眼神交會、吟唱兒歌，讓親子關係更親近。

*在棉被熱狗捲的遊戲中，父母協助孩子自己利用身體的肌力來滾動；若感到吃力，大人可從旁幫忙一下。

*滾動時，記得讓孩子的頭部完全露出來，以防呼吸困難。

*滾滾滾，頭部不斷旋轉的同時，有著大量的前庭覺刺激。

*滾動的過程，也加強全身的觸覺輸入。

*全身包覆，有著全方位的深層觸覺刺激。

☆Tracy小叮嚀

*在搖擺和包裹的過程，請留意孩子的神情是否愉悅，如果孩子顯露出不喜歡的表情，不要強迫，請馬上停止。

*確保安全，請在床上進行這個遊戲。

*棉被通常有塵蟎，可在戶外拍打後，再進行這個遊戲。

*搖晃和跳動時，請注意搖晃的幅度及跳動的高度，觀察孩子是否能接受。

*玩「滾滾棉被熱狗捲」時，孩子的頭須完全露出來，仰高頭，以利呼吸順暢和鍛鍊頸部肌肉。

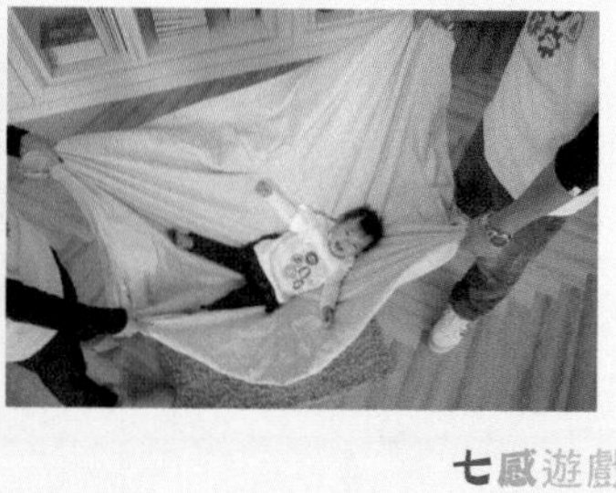

七感遊戲分析圖

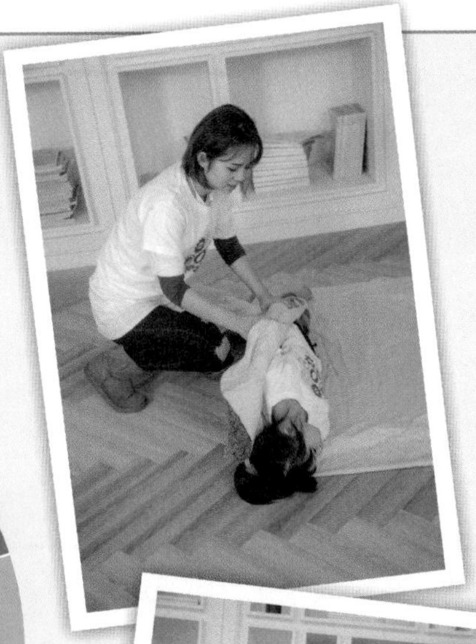

搖搖棉被搖籃

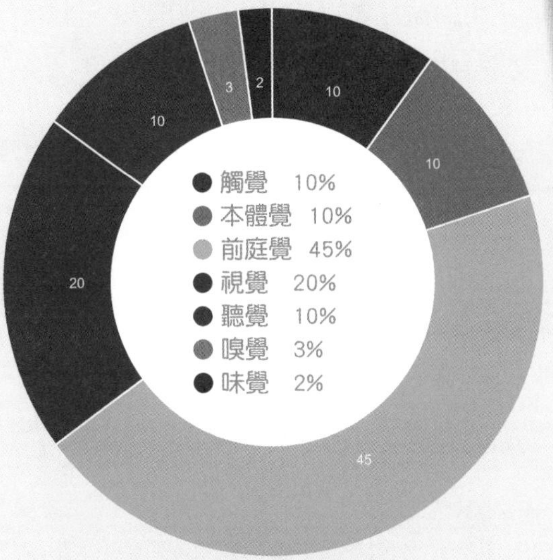

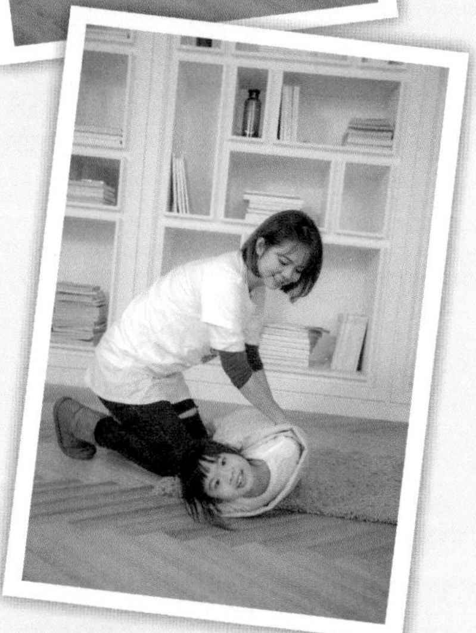

滾滾棉被熱狗捲

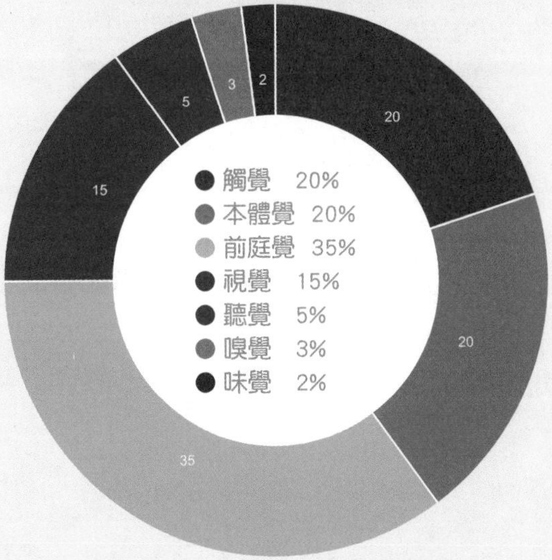

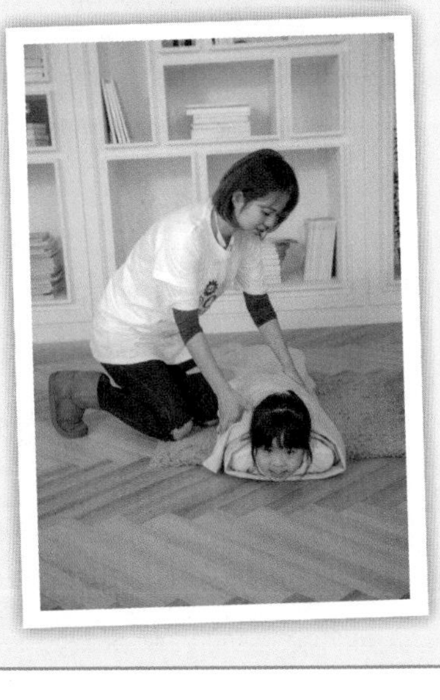

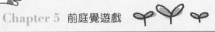

遊戲4 轉轉搖滾陀螺

這項前庭覺遊戲要介紹兩種搖滾陀螺，兩種都是世界有名的轉盆設計——透明的「搖滾陀螺」，曾獲得二〇一二年美國 *Parenting* 雜誌的最佳玩具；另一項「快樂轉盆」，則橫掃許多國際設計大獎。兩者的大小不同，玩法也有些許差異。

這兩項搖滾陀螺都針對不同的幼兒學習來設計，也加強注重孩子的前庭發展。這個可玩樂、可健身的轉盆，在孩子爬入、坐穩或搖擺的同時，有助於鍛鍊大肌肉並練習平衡；好玩的是，還可引發孩子的好奇心，發揮創意，放入不同的物件在轉盆內滾動。要提高新鮮感，也可以玩裝扮遊戲，將娃娃放在轉盆裡，對著娃娃唱划船歌。

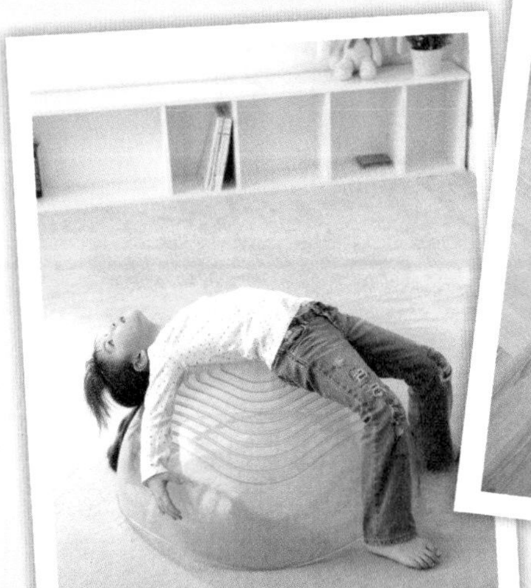

● 「搖滾陀螺」由「童心園 Weplay」提供

來自瑞士的「快樂轉盆」，設計概念就是讓孩子有無限的玩法。專家建議將這個「快樂轉盆」帶到公園、海邊、水池、雪地，讓孩子想出各式各樣玩法，肯定超乎你的想像！

建議年齡：6個月～6歲

遊戲階段：獨自遊戲、合作遊戲

遊戲種類：體能遊戲、裝扮遊戲

髒兮兮程度：★☆☆☆☆

遊戲的價值

- 刺激前庭覺，訓練平衡感
- 增進身體動作協調
- 加強動作計畫能力
- 鍛鍊核心肌肉及肌肉張力
- 增進手眼協調能力
- 啟發好奇心
- 舒緩情緒
- 鼓勵創意及想像力
- 加強空間感與視覺刺激

遊戲好好玩

轉轉搖滾陀螺

☆遊戲準備

＊搖滾陀螺

＊快樂轉盆

☆遊戲訣竅

搖滾陀螺

＊用身體的力量讓陀螺旋轉，藉此鍛鍊核心肌肉。

＊搖滾陀螺寬大，可以和同伴一起搖擺，刺激前庭發展。

＊反轉後，利用腹部核心力量撐起全身，達成身體協調，全身平衡。

＊趴著，手腳高舉，難度更高，也更能加強背部肌肉。

＊躺著倒U型，達到全身伸展，也換個角度看世界，增進空間意識。

＊將搖滾陀螺倒蓋，可玩互動遊戲——透過陀螺看見另一方，也增添視覺感。

快樂轉盆

＊「快樂轉盆」上設計有兩個洞，孩子常常把它當成頭盔，透過兩孔，和大人玩躲貓貓。

＊可放入一些能發出聲音的小東西，例如：鈴鐺，左右搖擺，刺激聽覺感官。

＊可將陀螺倒蓋，孩子與外面的人增加視覺刺激。

＊孩子放置不同大小物件，在擺動轉盆之前，也觀察物件之間的關係。

＊可站上去練習保持平衡，但記得先把襪子脫下，以免滑倒。

＊站在轉盆的圓弧面上，腳板須更加使力，進而運用到平常少用的肌肉。

＊快樂轉盆剛好容納一個孩子。大人可協助前後搖晃，促進平衡發展。

＊讓孩子反轉多個快樂轉盆，可進行不同的遊戲。

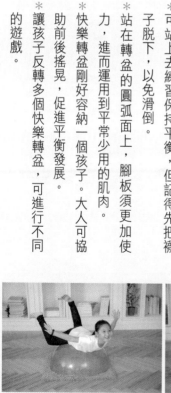

七感遊戲分析圖

轉轉搖滾陀螺

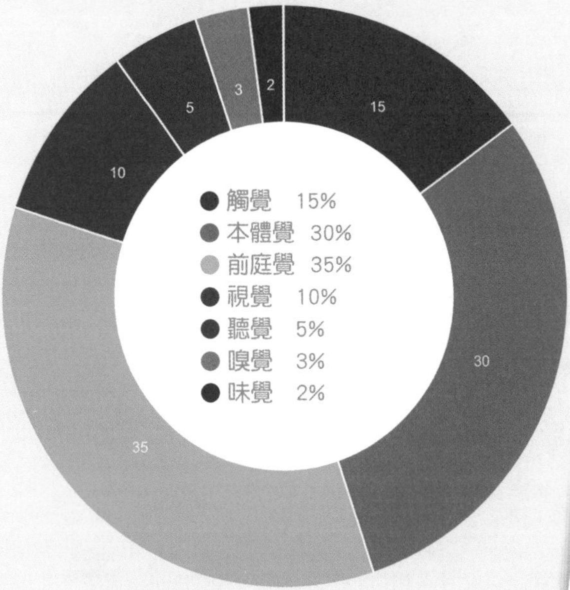

*比比看，看誰手腳放開，能保持平衡最久。

*轉轉看，看誰能轉最多圈，不倒下最厲害。

☆Tracy小叮嚀

*不要設限孩子的玩法！讓孩子帶著小轉盆到處移動，發明更多遊戲。

遊戲5 踩踩軟墊石

觸覺平衡軟墊踏腳石呈半球狀，尖尖的表面，能提供強烈的觸覺感，有助於增進身體意識和穩定性。因為踏腳石面積小，站在上面所需要的腳力也就越大；可依照打氣的飽滿度，來控制難度——氣越少越軟，孩子站在上面需要更大的肌耐力來保持平衡。踏腳石的另一面，呈現光滑而平坦，反過來站上去，更是難上加難。不過，千萬別小看孩子，只要大人的些許協助，孩子是可以做得到的！

大型的踏腳石可作為孩子課堂上穩定情緒的坐墊，也可以做多元化的體能動作。這類的觸覺平衡墊可供孩子盡情發揮創意，自由地擺出想走的路徑。

當孩子在踏腳石上走動時，父母可鼓勵孩子計畫自己的下一步，增進身體協調度。再說，赤足走在踏腳石上，還能刺激腳板底神經並按摩腳底喔，好處多多！

建議年齡：1～6歲

遊戲階段：獨自遊戲、合作遊戲

遊戲種類：體能遊戲

髒兮兮程度：★☆☆☆☆

遊戲的價值

- 刺激前庭覺，訓練平衡感
- 促進孩子大肌肉發展
- 加強觸覺感官
- 發揮創造力和想像力
- 提升孩子的動作計畫及解決問題能力
- 舒緩壓力，穩定情緒
- 增進手眼協調能力
- 提升專注力

●「充氣觸覺坐墊」由「童心園 Weplay」提供

遊戲好好玩

踩踩軟墊石

☆遊戲準備

*寬敞空間

*充氣軟墊踏腳石

*充氣觸覺坐墊

☆遊戲訣竅

*孩子自己天馬行空發揮創意排列踏腳石，或可與同伴一起合作，創造出想走的路徑。多嘗試不同的排列方式，增加行走的難度。

*利用身體的不同部位接觸踏腳石，有不同的感官刺激。比方：手抓踏腳石，提供觸覺輸入。

*雙手用力抓握踏腳石並下壓，提高小肌肉耐力，同時運用上臂肌肉。

*將踏腳石做複雜的排列，提高動作計畫能力，也增進身體的協調性。

*為了保持平衡，腳趾必須抓緊，如此，也運用到腳部小肌肉。

*踩在踏腳石上，然後半蹲，可刺激本體覺，並伸展大小腿肌肉。

*踩在踏腳石尖尖的表面上，增加觸覺感官刺激；踩在軟軟的踏腳石上，訓練平衡感。

*左右腳各踩壓一顆踏腳石，能刺激腳部神經，也具按摩效果。

*大型觸覺坐墊，可提供年紀小一點的孩子訓練平衡感。

*坐在觸覺軟墊上，既能增加感覺刺激，也能舒緩情緒。

*坐墊的大面積可容納兩個人，站在上面停留一下，發揮合作精神，一起練習保持平衡。

☆Tracy小叮嚀

*讓孩子赤足站在踏腳石上，更能刺激腳板底。

*讓孩子自由創造路徑，提升玩樂趣味。

七感遊戲分析圖

踩踩軟墊石

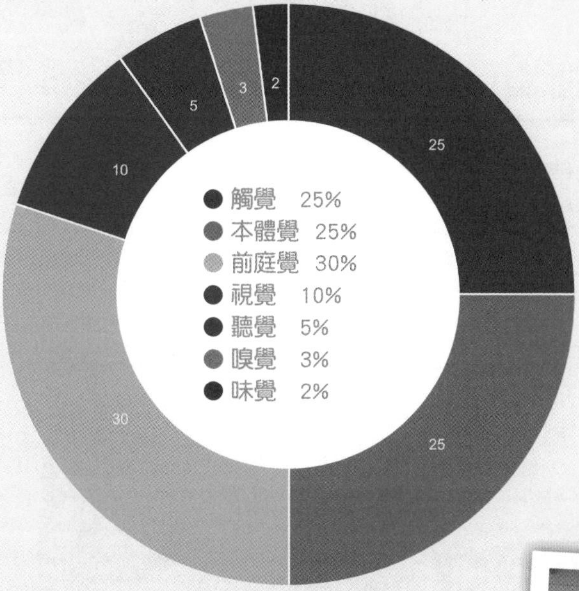

遊戲6 走走平衡木

平衡木，顧名思義，就是練習平衡感。在走平衡木的過程，隱藏著許多孩子的肢體學習，不但能提升身體的協調性、大肌肉的訓練，還能增進前庭覺的刺激。

剛學步的孩子，光是在平地上行走已經是一大挑戰，一旦站上平衡木，只能在小範圍行走，難上加難！年紀大一點的孩子，走在平衡木上，只要身體協調性夠，一步一步往前，應該都難不倒他。

坊間有許多組合式平衡木，變化多端，更具挑戰性！這些組合式平衡木不但提供更多的感官刺激，孩子也能利用它來設計各式各樣的走法——可直行，可轉彎，也可以行走在不同高低的平衡木上。

照片中這款平衡木呈圓弧形，表面具有圓形凸粒，行走起來難度更高。孩子要透過身體協調性踏上平衡木，穩定身體；在腳板底充滿觸覺刺激的同時，一步一步往前，並使出加倍的力氣抓住平衡木——這時，孩子必須發揮專注力和動作計畫能力來達成目標，進而培養自信心。

建議年齡：2～6歲
遊戲階段：獨自遊戲、合作遊戲
遊戲種類：體能遊戲
髒兮兮程度：★☆☆☆☆

遊戲的價值

- 提升身體協調能力
- 刺激前庭覺，訓練平衡感
- 增進手眼協調能力
- 透過計畫、編排，嘗試建立組織能力
- 透過遊戲，增進專注力、解決問題能力
- 發揮想像力、創造力

遊戲好好玩

走走平衡木

☆遊戲準備

＊寬敞空間

＊踩踏平衡觸覺板

☆遊戲訣竅

＊計畫著如何組合平衡步道，讓孩子們充分發揮團隊精神，一起分工合作，研究不同的方法，拼接出心目中最理想的平衡步道。

＊遊戲後，一起分工拆卸，整理收納。

＊運用手部小肌肉處理精細動作，仔細將步道拼接起來。

＊平衡步道表面的圓形凸粒設計，提供觸覺刺激。

＊孩子發揮創意，踩在兩段步道上，模擬滑雪動作，促進身體動作的協調。

＊可以雙手雙膝爬行，刺激本體覺。

＊剛學步的孩子可由父母輔助，增添安全感。

☆延伸遊戲

＊其他類似器材：組合式變化平衡木。

＊可當障礙跨越步道，學習初步的動作計畫能力。

＊孩子踏上平衡木，需要扎實的本體覺，以及身體的協調能力。

＊跨越障礙物，需要計畫動作能力。

＊自由組合式平衡木，可製造高難度的挑戰。

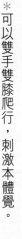

七感遊戲分析圖

☆ Tracy小叮嚀

*相信孩子，從旁輔助之餘，也要學著放手。

*可讓孩子頭頂沙袋，或抱球走，增加難度。

走走平衡木

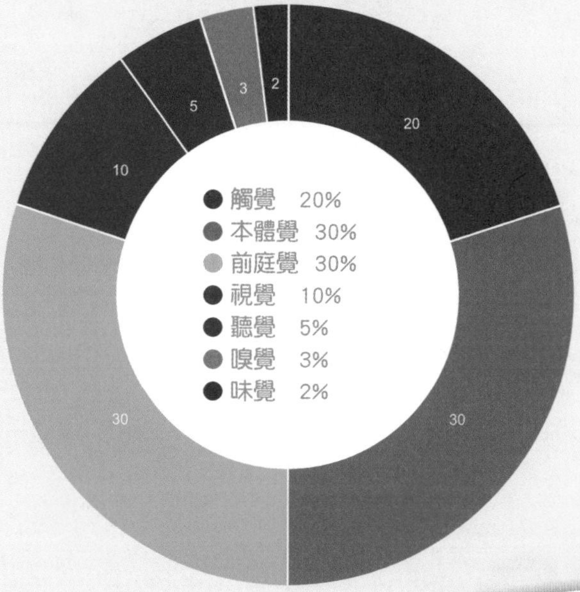

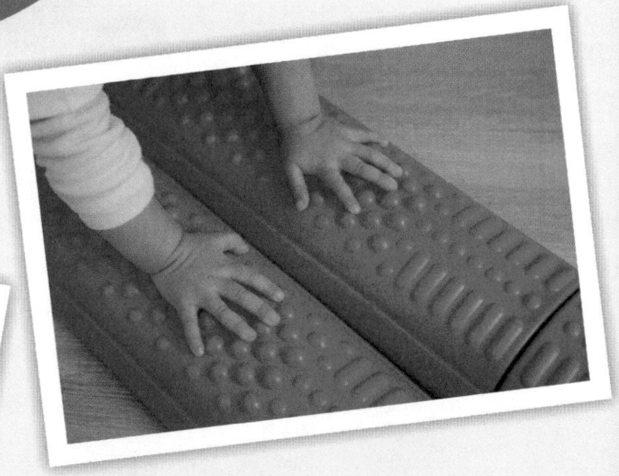

● 「踩踏平衡觸覺板」由「童心園 Weplay」提供

遊戲7 溜溜滑板車

滑板車是一個可以從小玩到大的器材——小從會爬的寶寶，大到十幾歲的孩子都非常愛玩。原本以為家中孩子大了，準備把滑板車送人，卻被孩子阻止，因為他們還是很熱愛在家中用滑板車追逐！

玩滑板車時，孩子會自己想出各種玩樂方法！年紀小的寶寶可以趴在滑板車上，用兩隻腳蹬啊蹬努力往前，發展全身肌肉；父母也可以對著寶寶唱唱歌，轉個圈增添親子樂趣。大朋友趴著轉，躺著轉，坐著轉，找同伴競賽，創意無限。

另外，也可以綁一條粗繩，拉著同伴到處走，加強全身的身體協調之外，也促進與同儕的溝通能力。在溜滑板車的同時，無論是前進、轉圈，都能增加前庭覺刺激，並強化空間感。

遊戲的價值

- 增強前庭平衡能力
- 增強上臂肌肉耐力
- 提升肌肉張力
- 加強核心肌群的發展
- 提升空間概念
- 加強大肌肉訓練
- 移動身體所產生的視覺刺激
- 發揮創造力
- 發揮團隊精神

建議年齡：1～12歲

遊戲階段：合作遊戲

遊戲種類：體能遊戲

髒兮兮程度：★☆☆☆☆

遊戲好好玩

溜溜滑板車

☆遊戲準備

*寬敞空間

*滑板車

☆遊戲訣竅

*趴躺在滑板車上，利用雙手划行，前進、倒退或旋轉，不僅能刺激前庭覺，重力加速度更增添刺激感。

*用手推進滑板車來練習核心肌肉及上臂肌力。慢慢用手在地板滑行，促進身體協調感。

*握緊把手，提起雙腳，鍛鍊核心肌群；將手慢慢放開，試圖維持平衡。

*兩人一起玩滑板車，向對方滑行而去，再彼此來一個擁抱。接著，利用兩人的力量轉圈，達到相互扶持，借力旋轉，加強前庭覺刺激和大小肌肉發展。

*在滑板車上綁一條繩子，由同伴拉著行走。在前端拉行的孩子要使出全身力氣；坐在滑板車上的孩子則要試圖保持平衡——兩個

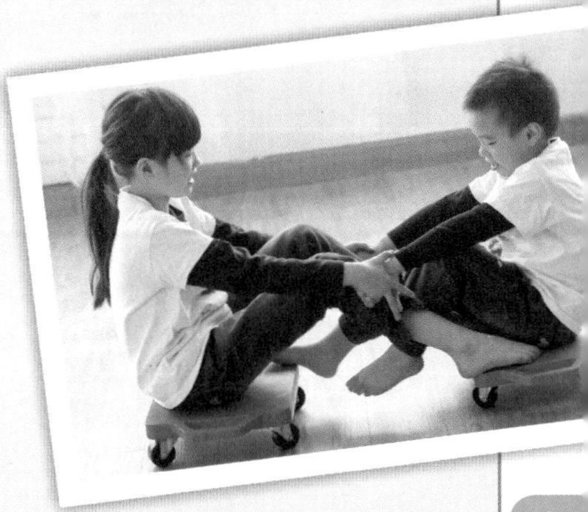

孩子都充分地進行前庭覺與本體覺的刺激。

＊進行雙人比賽轉轉轉，看誰轉最多圈；或比賽向前滑行，看看誰最快到達終點。

☆Tracy小叮嚀

＊讓孩子坐在滑板車正中央，以免傾斜，容易跌倒。

＊活動的空間越寬敞舒適，越能發揮滑板車的功能。

七感遊戲分析圖

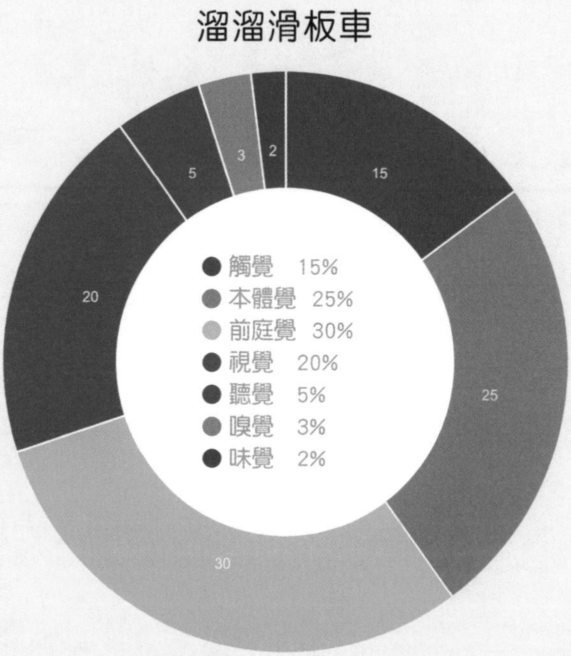

遊戲8 滾滾充氣輪

第一次無意間在網路上看到這個充氣滾輪就無比興奮——這是可以針對前庭覺訓練的好幫手。有別於一些幼兒園使用的體能大滾輪，這個縮小版很適合居家使用，便於收納。不管孩子在充氣輪裡是直的躺、橫著躺、踩著滾、趴著滾，只要滾滾滾，頭部也跟著天旋地轉，就有著強烈的前庭感官刺激。

充氣滾輪的材質軟、透明，且色彩鮮豔，孩子在裡面滾動，既不容易受傷，也有著一定的視覺效果，吸引目光；孩子一玩，通常都欲罷不能。在滾動時，孩子須利用身體的協調度去試圖平衡，會運用到身體的每一塊

肌肉，以達到留在滾輪裡而不掉出來；在此同時，孩子的小腦袋裡不斷計畫著這些動作，也一併增進腦部發展。

建議年齡：2~8歲

遊戲階段：獨自遊戲、合作遊戲

遊戲種類：體能遊戲、裝扮遊戲

髒兮兮程度：★☆☆☆☆

遊戲的價值

- 強化前庭平衡發展
- 促進大腦發育和成熟
- 提高孩子學習技能和體能
- 與同伴一起玩樂，發揮團隊精神
- 促進動作計畫能力
- 加強大肌肉發展
- 可幫助全身拉筋伸展
- 加強空間意識感
- 發揮想像力

遊戲好好玩

滾滾充氣輪

☆遊戲準備

*寬敞空間

*充氣滾輪

☆遊戲訣竅

*孩子坐在滾輪裡，慢慢地前後滾動搖擺，促進前庭覺發展。

*孩子在滾動時，變換姿勢，更能運用到不同部位的肌肉，也刺激本體覺。

*充氣滾輪透明的設計，讓孩子看得到媽媽，與媽媽互動，增添安全感。

*大孩子可以靠自己的核心力量轉動滾輪，同時運用本體覺及前庭覺。

*在滾輪裡變換姿勢，需要強而有力的核心；再者，角度的轉換，也能加強空間意識感。

*在滾輪裡躺著轉動，靠核心肌肉翻滾。在滾輪裡翻跟斗也是一種挑戰！前庭覺及本體覺運用自如，成功轉一圈，增添自信心！

*可以靠背部肌肉與核心肌肉大幅前後搖擺，增加刺激度。

*可選擇立坐，左右搖擺；左右搖擺能運用到身體兩側的肌肉。

☆延伸遊戲

*孩子總會找出其他各類玩法。例如，一個孩子在滾輪外做伸展，由另一個孩子來滾動。或者，兩人也可以藏在滾輪裡面玩躲貓貓，創意十足。

*孩子們一起分工合作，發揮團隊精神，同心協力運送滾輪，同時也增進手眼協調能力。

☆Tracy小叮嚀

＊小小孩若無法靠自己的力量轉動充氣滾輪，請父母從旁輔助。

＊孩子玩得忘我，一不小心就可能從滾輪掉出來，父母須從旁觀察並提醒孩子注意安全。

七感遊戲分析圖

滾滾充氣輪

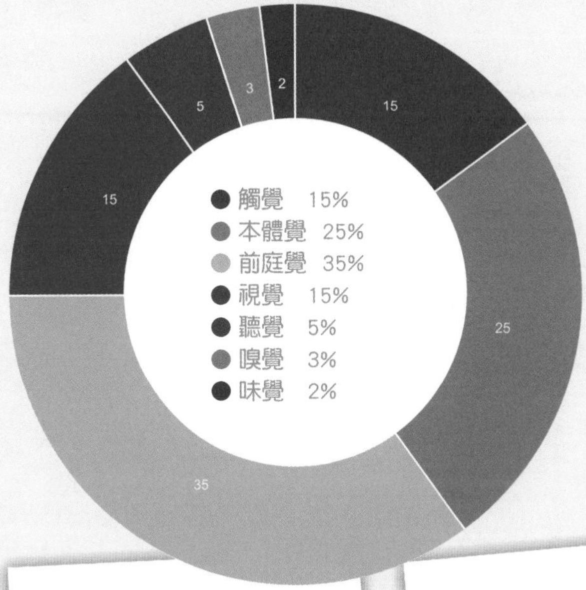

遊戲9 倒著看世界

你體驗過倒立嗎？你知道倒立對人體好處多多嗎？現在坊間有許多幼兒的體能訓練課程，其中很重要的一環，就是讓孩子學習倒立。

根據醫學研究報告顯示，每天倒立五分鐘，相當於睡眠兩小時。倒立對視覺、聽覺、記憶及睡眠功能都相當有助益，不但能改善神經系統、促進血液循環，也能提升大腦發展。難怪許多養生族紛紛練習各種倒立，以保健康。

不過，倒立屬於比較激進的運動，若針對幼童的倒立，就得非常小心，畢竟孩子有許多器官還沒發育完成；研究報告顯示，兩歲以下的小朋友不宜倒立，可能導致眼壓過高。在七感遊戲裡的倒立，建議五歲以上的孩子可以嘗試，但時間短短的就好，點到為止，不會傷身，而能為身體加分。

倒立分很多種，一般來說，頭部頂住地面倒立太過危險，不建議做。如果跟大孩子們玩，建議改以雙手撐住地面倒立一分鐘就好，即可產生很大的幫助。孩子每天用雙手撐著倒立一分鐘，能促進前庭覺、本體覺發展，同時鍛鍊臂力和強化視覺及空間感。

倒著看世界，真的不一樣！這要花比平時正常走路更多倍的力氣。倒立使大腦的運動區、聽覺區、前庭覺區、本體覺區的機能提高，快速地促進大腦發展。

建議年齡：5歲以上

遊戲階段：合作遊戲

遊戲種類：體能遊戲

髒兮兮程度：★☆☆☆☆

遊戲的價值

- 強化前庭平衡發展
- 加強本體大肌肉發展
- 促進頭腦清晰
- 提高反應能力
- 增進感官機能
- 加強對事物的反應力
- 增進想像力和思考力
- 加強空間意識感

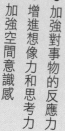

遊戲好好玩

倒著看世界

☆遊戲準備

*寬敞空間

*平穩的牆面

☆遊戲訣竅

*遊戲前先熱身，全身動一動，上下跳動，左右搖擺，直到身體感覺溫熱。

*找個安全寬敞的地方，讓孩子有足夠的空間可以翻上牆。

*孩子若無法自己翻上牆，請父母從旁協助並陪伴。

*請父母協助上牆後，孩子靠自己找到平衡，穩定身體。

*第一次嘗試倒立的孩子，可能雙手會有些吃力，建議先從短短幾秒鐘開始，觀察孩子的接受度，再逐漸增加時間。例如：十秒、二十秒……

*倒立時，請孩子將手掌張得越開越好，分散施力點。手撐地，試圖用身體協調能力來保持平衡。

*身體盡量保持筆直，才能平均分散重量，以免造成其中一隻手臂負重太重。

*當孩子找到倒立的平衡，可以每天進行倒立，倒數一分鐘。

*倒立完畢後，請孩子分享倒立時身體的變化及感覺，藉此練習表達能力。

前庭覺

☆ Tracy小叮嚀

*最好在餐前進行倒立，且務必先熱身。
*頸部、腰部和脊椎有傷痛者，不適合做倒立。
*切勿倒立太久，孩子進行一分鐘即可。
*不建議做頭倒立式，以免傷及頸椎。
*靠牆倒立比較安全。

七感遊戲分析圖

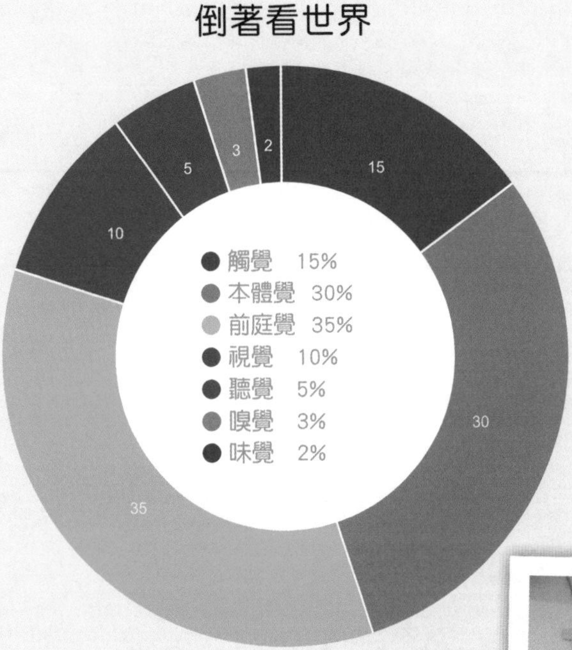

遊戲10

盪盪單槓吊環

單槓和吊環是公園常見的器材，孩子喜歡拉著吊環在上面盪來盪去，是一種對於前庭平衡和全身肌肉發展非常好的運動，也有單雙槓可以讓孩子訓練核心肌肉。

有些家庭選擇在家裡安裝單槓，可隨時與孩子玩樂。本書示範這款孩子的單槓吊環，提供兩種握環方式：一個垂直，可做到頸部、肩部及全身伸展；一個必須敞開手臂握環，更加運用到雙臂及後背肌力。

如果想在家中安裝這樣的單槓吊環，只要在天花板裝上能承重二百公斤以上的掛鉤即可；除了安裝單槓吊環之外，也可吊掛許多不同的運動器材供孩子玩樂，例如：迷你鞦韆、布鞦韆、繩梯等。

無論是在家中，或是在公園，吊單槓時，孩子靠著自己的力量搖擺，能有效學習重力概念和空間感。在玩的過程中，父母可以遊戲方式讓孩子玩出不同姿勢，加強身體不同部位的肌肉訓練，同時刺激前庭感官。

建議年齡：1～8歲

遊戲階段：合作遊戲

遊戲種類：體能遊戲

髒兮兮程度：★☆☆☆☆

遊戲的價值

- 刺激前庭覺，訓練平衡感
- 訓練伸展能力和穩定性
- 建立肌耐力及身體協調能力
- 發展大肌肉的靈活度
- 學習重力概念及空間概念
- 訓練手的抓握能力
- 訓練上身肌肉和核心肌肉
- 增進觀察力、注意力
- 增進手眼協調能力
- 提升視覺專注力
- 鼓勵冒險精神

遊戲好好玩

盪盪單槓吊環

☆遊戲準備

*地墊
*單槓吊環
*天花板強力掛鉤
*懶骨頭（大型豆袋）

☆遊戲訣竅

*先在地板鋪上地墊，做好安全措施。
*年紀小的孩子，須有大人從旁協助握環。
*吊單槓時，身體自然垂直，用雙臂的力量自然搖晃，訓練肌肉，也刺激前庭覺。
*在空中搖擺，可同時鍛鍊上身肌肉和核心肌群。
*手握兩側距離較寬的握環，能更強而有力地使用上臂肌肉。
*雙手握在環上，慢慢抬起雙腿，再慢慢放下——此動作能拉伸腿部後側，並鍛鍊腹部肌肉。
*嘗試盪完單槓後放手，降落在懶骨頭上，增加遊戲的刺激感。
*所有搖晃擺動都直接與前庭覺有關。孩子頭部晃動，視覺空間感不斷轉變；晃動時忽遠忽近所產生的視覺差異，不但強烈刺激前庭覺，提升空間感，也同時刺激視覺感官。

☆ Tracy小叮嚀

*運動前，請先陪孩子做熱身。

*給孩子「玩」的概念，無須加以指導。

*準備一個大懶骨頭（豆袋），讓孩子放手降落。

七感遊戲分析圖

盪盪單槓吊環

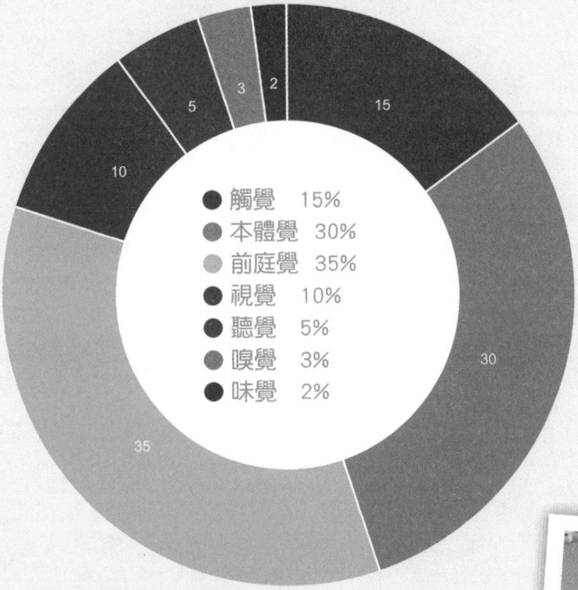

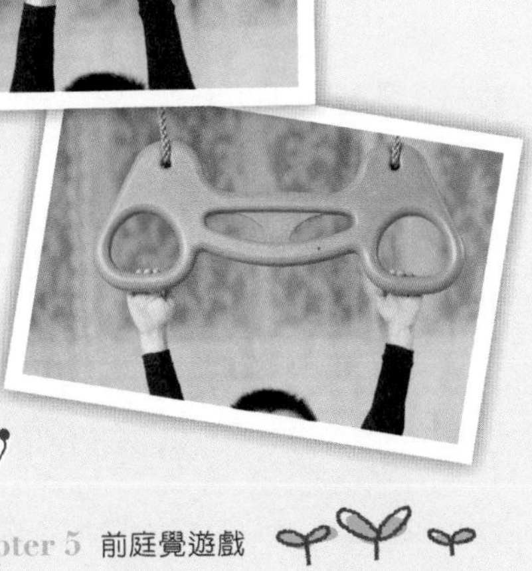

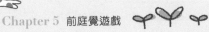

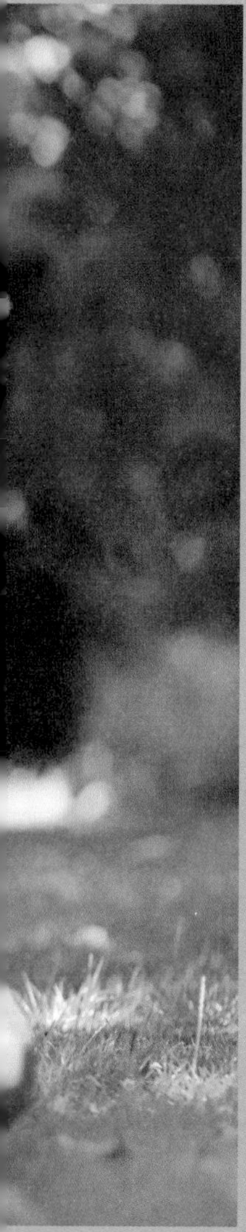

Chapter 6

本體覺遊戲

「本體覺」是感覺統合三大系統之一，發展良好的話，能輕易地擺動身體，適當地做出動作；即使眼睛閉著，透過關節、肌肉、肌腱所接收到的訊息，也能做出正確的反應。

倘若本體覺發展不良，就算有其他感官輔助，也可能常常跌倒，無法控制力道，到處碰撞，進而導致缺乏安全感，影響生活自理、自信心及社交能力。

遊戲1 穿越時空隧道

「爬行隧道」是很常見的兒童體能用品，它同時也是一項能鼓勵孩子爬行、增強本體覺和大肌肉發展的運動。但在隧道裡和開闊的空間爬行究竟有何不同？當孩子在隧道裡，馬上意識到自己所在的空間不同，在視覺和其他感官上都有相當大的區別。孩子們在通往隧道另一端時，充滿著好奇心，一聽到爸爸媽媽鼓勵的聲音，總是莫名地期待，期待爬出後能看見媽媽滿足的模樣。

一切一切都是為了給孩子不同的爬行體驗。爬行讓孩子用到全身力氣，他們必須運用手臂和腿部的力量，把自己的身體抬起，從中可以鍛鍊頸部、背部和手臂的肌肉。此外，孩子在兩邊膝蓋

輪流向前爬行、計畫著自己的每一步時，眼睛要顧前後左右，不斷地調整步伐，這所有動作的運動量，都遠遠超過步行。所以，即便是已經會走路的孩子，也要多多給他們爬行的機會，以達到全身的運動。

建議年齡：8個月～5歲

遊戲階段：獨自遊戲、合作遊戲

遊戲種類：體能遊戲

髒兮兮程度：★☆☆☆☆

遊戲的價值

- 加強本體覺發展
- 有助發展身體協調運作
- 爬行有助於鍛鍊全身，有利於身體發育
- 發展視覺，加強空間相關位置的判斷力
- 增進親子關係，有助孩子情緒發展
- 訓練伸展能力和穩定性
- 發展大肌肉的靈活度
- 訓練上身肌肉和核心肌肉
- 發展好奇心和探索能力

遊戲好好玩

穿越時空隧道

☆遊戲準備

*寬敞空間

*爬行隧道（一個）

☆遊戲訣竅

*請找一處安全的空間，讓孩子鑽過爬行隧道；爸媽則在隧道的另一端，鼓勵孩子爬行，加強本體覺。

*這款爬行隧道的透明巧思，讓媽媽透過視窗和孩子一邊玩一邊互動，刺激視覺之外，也增進親子娛樂。

*在爬行的過程，孩子進入另一個空間，使出渾身解數，全身肌肉運作，一步一步計畫著，運用身體的協調與平衡，向著隧道另一端的父母爬行而去。

*當孩子爬行進入另一個空間，視覺需要調整；當視覺慢慢適應了隧道的小空間後，也增加了孩子對空間感的認知。

*碰到孩子不願意爬行，這時，父母可以用言語鼓勵、用玩具激勵；或者，有些媽媽會拿著孩子最愛的食物，等待著穿越後給予獎勵。

*如果孩子低著頭，請呼叫並鼓勵他揚起頭向前爬，幫助訓練頸部及背部肌肉。

☆延伸遊戲

*也可換個方式玩，這次換媽媽鑽進去，變身成毛毛蟲，跟孩子互動；一會兒，

本體覺

媽媽突然消失又出現，藉此，給孩子不同的視覺刺激，增加玩耍新意。

☆ Tracy小叮嚀

*父母在另一端積極鼓勵，已經給予孩子安全感。

*如果沒有爬行隧道，用紙箱製作隧道也可以。

七感遊戲分析圖

穿越時空隧道

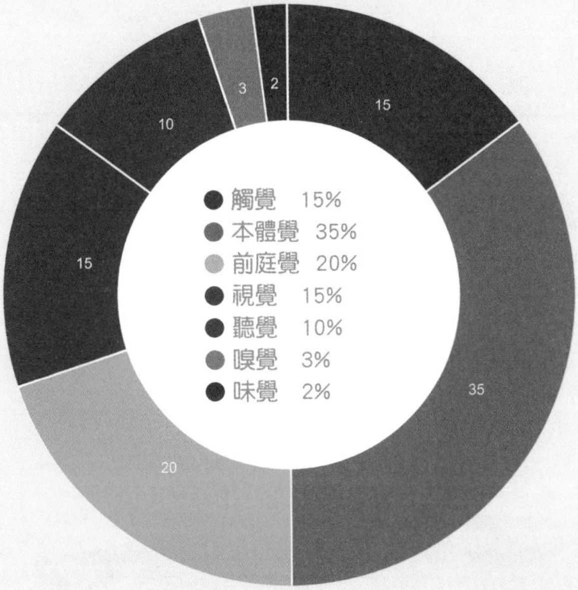

遊戲2 旋轉揮灑畫

仔細找找，家裡是否有許多東西久置不用？千萬別丟喔，這些都是讓孩子遊戲的最好工具。原本買這個脫水盆打算用來洗菜，後來發現還是傳統的洗菜方式最簡單，於是將它擱在櫃子深處；某次，清理櫃子時找到它，發現光是轉動上面的旋轉扭，就須費一些功夫，而且速度越快，裡面旋轉的也越快……想想，也許可以變成孩子玩遊戲的工具——如果放些顏料進去，可能會轉出一副美麗的畫。於是，我靈機一動，剪了一小張紙，加入些顏料，用力旋轉後，顏料四射，出現了美麗的圖畫，出奇地好玩。

我發現，孩子在努力旋轉脫水盆時，非常地專注；甚至，孩子為了讓裡面的顏料盡情揮灑而更加使勁地轉轉轉，如此大量運用手腕及手臂的力量，有助於刺激本體覺。

建議年齡：2歲～5歲

遊戲階段：獨自遊戲、合作遊戲

遊戲種類：髒兮兮有戲

髒兮兮程度：★★★☆☆

透過這項遊戲，孩子也能發揮創意、增進專注力，並鍛鍊手眼協調能力。建議爸媽們，不須購買昂貴的機器來進行旋轉藝術，一個簡單的洗菜脫水盆就能達到一樣的效果。

遊戲的價值

- 刺激本體覺
- 鍛鍊手腕力道
- 加強抓握能力
- 增強手臂肌力
- 發揮創造力
- 提升專注力及觀察力
- 加強手眼協調能力
- 提高分析及溝通能力
- 增加科學知識——對離心力的理解

旋轉揮灑畫

☆遊戲準備

*脫水盆

*顏料

*圓形白紙

☆遊戲步驟

① 準備好脫水盆和預先裁好的圓形紙張。

② 將紙張放入脫水盆後，擠入喜歡的顏料；用力擠壓，可加強抓握能力。一開始比較難，大人可從旁協助起步，幫忙固定脫水盆，陪著孩子拿捏力道；孩子熟悉力道後，就讓他自己試試看。

③ 讓孩子試試快快轉和慢慢轉，適應一下快與慢的感覺，並感受所須耗費的力道強弱。

④ 利用不同顏色創造出不同作品；孩子

對利用離心力所創造出來的作品滿到無比驚訝。

⑤興奮時刻到了，打開看看自己的作品。

⑥重複以上步驟，嘗試不同顏色組合、不同速度所得到的作品。請孩子和你分享他們的觀察。（例如：慢慢轉，顏色揮灑不出去；黃色加上藍色會變綠色。）

☆ Tracy小叮嚀

* 孩子自行轉動脫水盆有點難度，父母可從旁協助轉動。
* 如果顏料濃稠、不易擴散，可將顏料稍微稀釋再進行。

七感遊戲分析圖

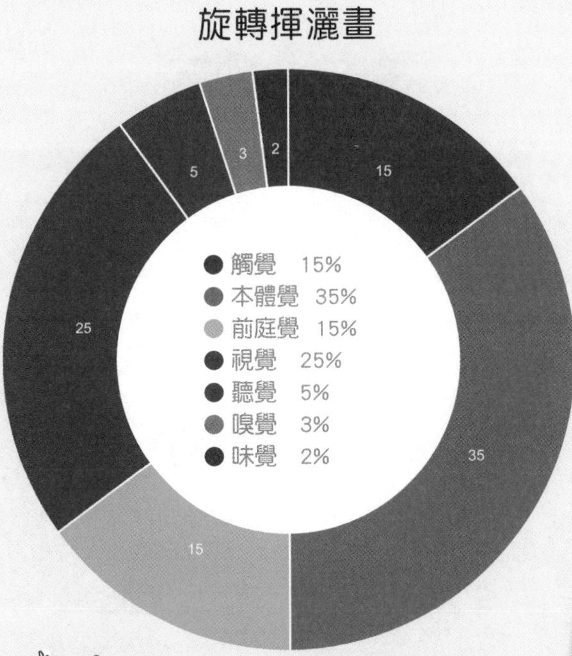

遊戲3 拋接彈彈球

帶孩子去公園玩，是不是偶爾會帶上一顆球，和孩子玩玩拋接的遊戲？別看這只是簡單地拋接，對小小孩來說，這些動作需要強大的手眼協調和身體協調能力，才有辦法接得到球。拋球時，孩子也須運用到全身的力氣，才能將球丟出去。

孩子在提高手腕、手臂拋接球時，可以加強上肢肌力；丟擲也能增強孩子手眼協調；爸媽平時可以多和孩子玩拋接遊戲，跑來跑去增加運動量。

孩子在玩拋接遊戲的過程，利用眼部追蹤移動物品，並計畫自己的行為動作去成功接住球，加強了視覺定位能力、前庭覺和本體覺的互相合作。所以，最重要的是遊戲的整個過程，而不是有沒有接到的結果喔！

建議年齡：2～8歲

遊戲階段：合作遊戲

遊戲種類：體能遊戲

髒兮兮程度：★☆☆☆☆

遊戲的價值

- 增進孩子手臂、手腕的力量
- 增加孩子的節奏感與反應速度
- 加強孩子的視覺定位與追蹤能力
- 提升孩子觀察力與專注力
- 加強身體協調能力
- 增進前庭覺和本體覺
- 訓練計畫能力
- 培養孩子解決問題的能力

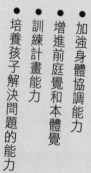

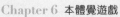

遊戲好好玩

拋接彈彈球

☆遊戲準備

＊寬敞空間
＊各種拋接球類

☆遊戲訣竅

＊孩子自己一個人玩拋接球，可訓練手眼協調能力。
＊持續提高雙手將球向上拋，能增進手臂力量，也加強視覺追蹤能力。
＊找個夥伴玩相互拋接球，增加難度，也讓孩子發揮合作精神。
＊將拋接球的距離慢慢拉遠，更具挑戰性。
＊孩子在拋和接的當下，都需要一定的觀察力和專注力，才能順利完成拋接。
＊在跳躍追蹤的過程，運用了全身肌肉，加強了本體覺的輸入。

七感遊戲分析圖

抛接彈彈球

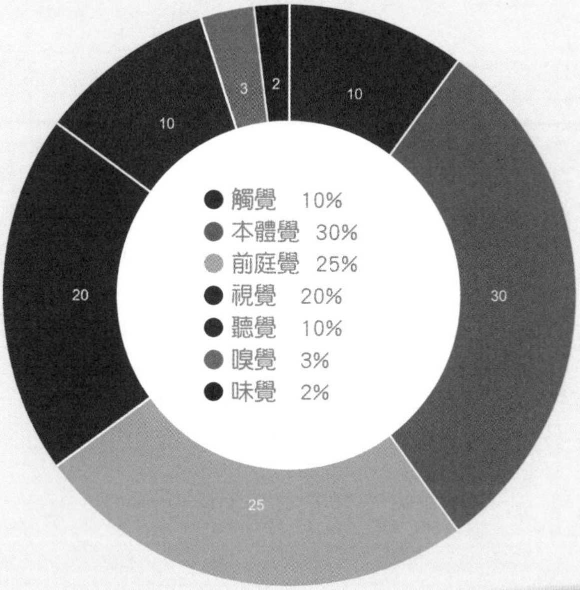

☆Tracy小叮嚀

＊玩抛接球過程所帶來的收穫，大於成果。讓孩子知道，即使接不到球，也是很好玩的。

＊孩子接不到球、感到氣餒時，請給予同理心並耐心陪伴，引導他慢慢練習。

遊戲4 小小特務闖迷宮

陪伴孩子遊戲，有時需要一些想像力。在家裡布置不同場景，加上自己編的故事背景，帶著孩子經歷一場奇幻的旅程，增添遊戲趣味度。

在電影裡，常常看到特務深入敵營擷取資料，往往都需要柔軟的身體，加上敏銳的觀察力，上上下下左左右右去避開每一道雷射，關關難過關關過，最後成功地通過機關重重的雷射警報區。在家裡，也可以模擬電影中的雷射區，讓小小孩化身成為小間諜，經歷各種極端的障礙，想盡辦法來完成任務。

在這項遊戲裡，不但能滿足孩子的想像力，讓孩子提高警覺性、在迷宮中思考策略、計畫所有的

本體覺

肢體動作，也挑戰身體所能做出的各種姿勢，進而發展全身的協調力，並刺激本體覺及前庭覺。

親愛的爸媽，快快把家裡打造成機關重重的地區，讓孩子發揮小小間諜的威力吧！

建議年齡：2~8歲

遊戲階段：聯合遊戲、合作遊戲

遊戲種類：體能遊戲、社會戲劇遊戲

髒兮兮程度：★☆☆☆☆

遊戲的價值

- 建立身體協調能力
- 加強本體覺發展
- 刺激前庭覺、訓練平衡感
- 訓練伸展能力和穩定性
- 提高孩子獨立解決問題的能力
- 增進觀察力、注意力
- 增進手眼協調能力
- 豐富想像力
- 提升動作計畫能力

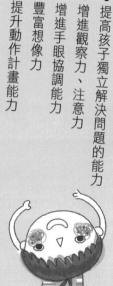

遊戲好好玩

小小特務闖迷宮

☆遊戲準備

*可設計雷射束的空間（走廊、小房間）

*繩子、粗線或緞帶

☆遊戲訣竅

*爸媽將模擬雷射束（繩子、粗線或緞帶）遍布整個空間，鼓勵孩子參與，一起設計遊戲，發揮創意。

*面對危險的雷射區域，請孩子動動腦，研究前進的策略；同伴之間也可互相觀摩，學習別人成功穿越的經驗。

*年幼的孩子，可能會用手撥開——找到方法穿越最重要，無關對錯。

*孩子們試圖穿越時，單腳抬起跨過，加強平衡感。

*小特務專注計畫著每一步，一步一步達

成目標，完成任務，增加自信心。

＊大孩子可嘗試「零觸碰」穿越模擬雷射束，增加挑戰性。

＊小小特務，帶著使命感，運用身體不同動作——站高、趴低，來鍛鍊不同的肌肉群。

☆Tracy小叮嚀

＊設計雷射區的雷射束，可由稀疏到密麻，難度由淺入深。

＊鼓勵孩子運用全身各個部位，想辦法穿過重重障礙。

＊孩子每跨出一步，爸媽都給予讚賞，讓孩子不會氣餒，繼續挑戰下去。

七感遊戲分析圖

小小特務闖迷宮

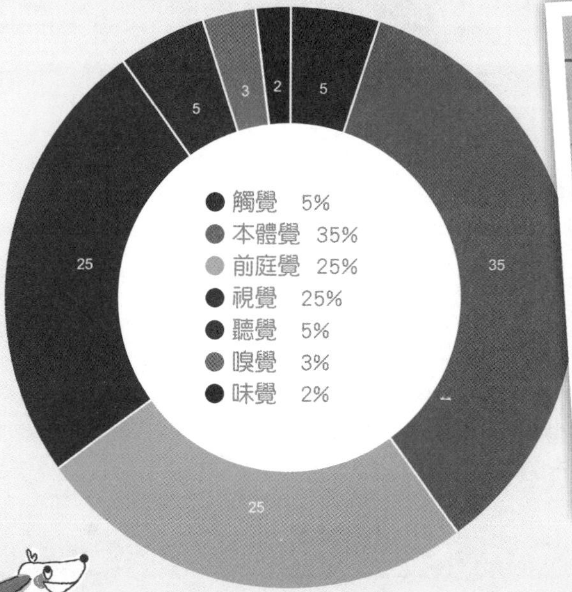

遊戲5 鑿冰尋寶

炎炎夏日，可以跟小孩玩些什麼呢？除了玩水之外，玩冰也行哦，只要花點心思，看似平淡無奇的冰，也能讓孩子玩得欲罷不能！

鑿冰尋寶是一個省錢又環保、還能了解大自然科學的遊戲。只要找一些玩具或是小物件，放在容器裡加水冰凍著，等待製冰完成，就能與孩子一起把困在冰裡的玩具救出來。

在孩子碰觸冰塊的過程，有深層的觸覺輸入；孩子手握螺絲起子及鎚子，試圖瞄準後，敲下，可練習手眼協調

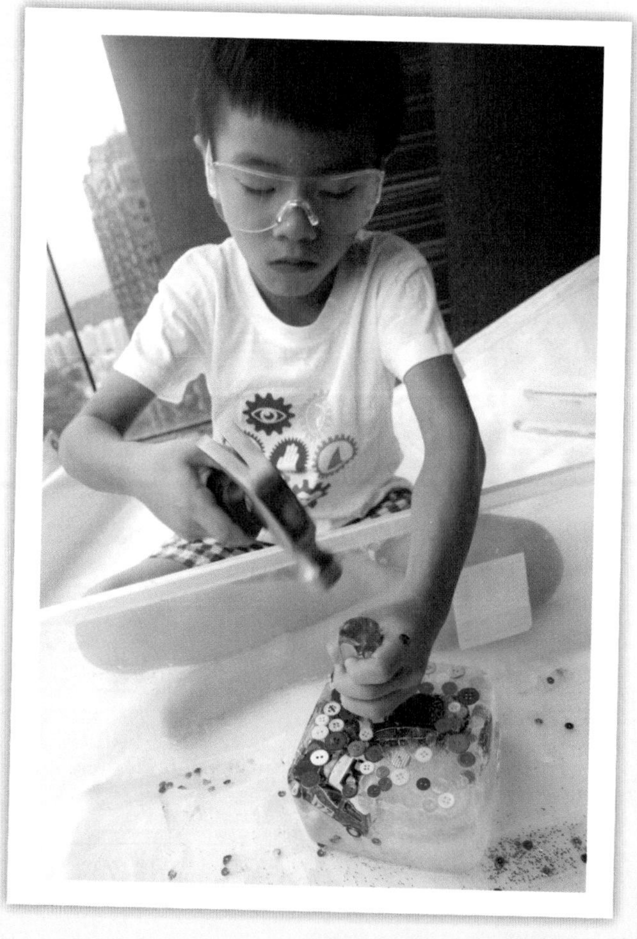

力；敲下的剎那，手臂使力也鍛鍊了大肌肉，加強本體覺。除此之外，「舉起敲下、舉起敲下」這一動作，可鍛鍊身體協調及上臂肌力，並同步了解冰變成水的科學概念，寓教於樂！

建議年齡：5～8歲

遊戲階段：聯合遊戲

遊戲種類：探索遊戲

髒兮兮程度：★★★☆☆

遊戲的價值

- 刺激本體覺
- 增加觸覺刺激
- 提高孩子手臂手腕的力量
- 增強孩子手眼協調能力
- 提高孩子的視覺定位與追蹤能力
- 提升孩子觀察力及專注力
- 培養孩子解決問題的能力
- 了解水與冰的大自然科學概念

遊戲好好玩

鑿冰尋寶

☆遊戲準備

*護目鏡

*冰凍容器：冰箱收納盒

*挖掘工具：小鐵鎚、螺絲起子

*各類小物件：玩具車、絨毛球、大鈕扣、亮片、彩色竹籤

☆遊戲訣竅

*在容器內加入各種小物件；接著加水，並將它移入冷凍庫靜待結冰。

*完整結凍後，將容器取出；孩子看著五顏六色的物件凝結在冰塊中，一邊享受視覺刺激，一邊躍躍欲試，迫不及待想體驗鑿冰樂趣。

*孩子拿起鐵鎚，準確地敲打在螺絲起子上——進行這個動作需要相當程度的手眼協調能力。

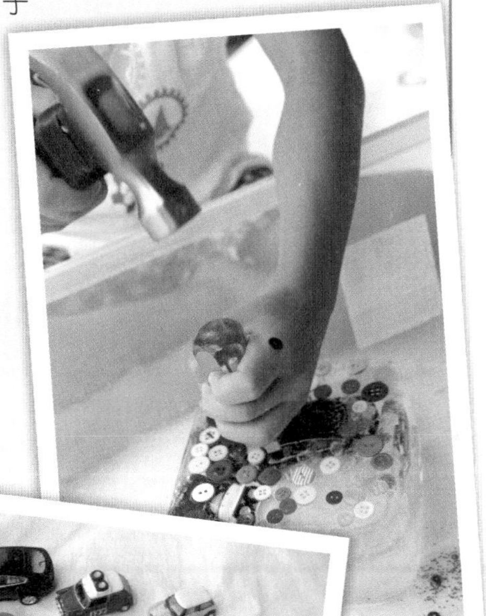

*孩子在鑿冰時，為了拯救困在冰裡的小玩具、小汽車、畫筆、大鈕扣……與同伴擁有一致的目標，同心協力，將冰塊中的寶物一一挖掘出來，大功告成！

*在鑿冰的過程中，孩子為了避免砸到手，須發揮高度的專注力；並且，孩子會慢慢發現挖鑿不同角度，會有不同的結果。

☆Tracy小叮嚀

＊父母教導孩子使用工具的方法，或從旁協助。

＊請選擇兒童適用的小鐵鎚。

＊選擇小物件時，請避開玻璃類，以免冰凍時或鑿冰時碎裂。

七感遊戲分析圖

鑿冰尋寶

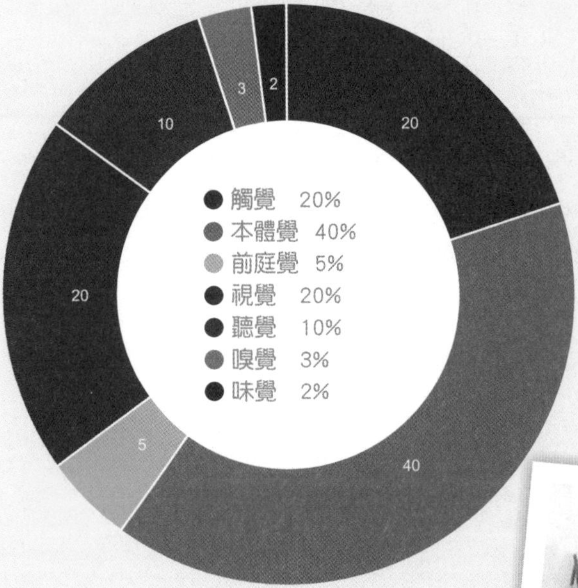

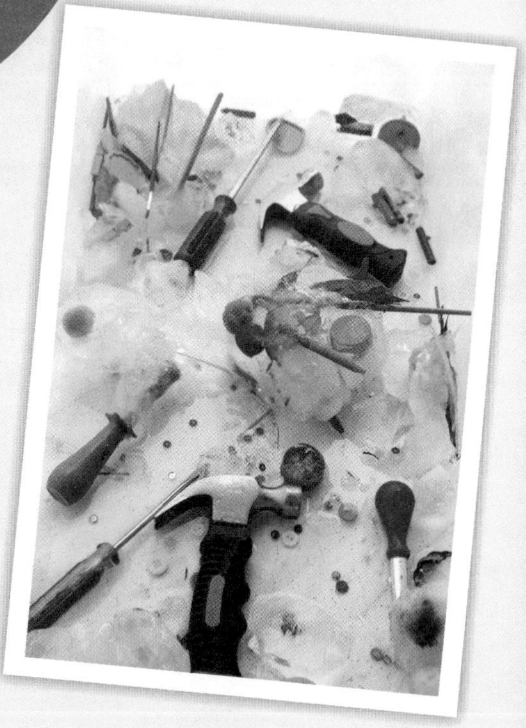

遊戲6 搞怪彈力伸縮衣

在感覺統合的訓練裡，經常會看見這種伸縮布料，彈力驚人，可提供孩子鑽入布內，利用身體的力量去撐開布料，徹底發揮本體覺。孩子在運用全身力氣的同時，也發揮創意，展現各式各樣的姿勢，將伸縮布撐出不同的形狀。

由於伸縮布的布料厚實，需要的力道很強，孩子在過程中須運用到全身不同的肌肉把伸縮衣撐開。當孩子躲在伸縮布裡的小小空間，也同時練習對空間的認知。

空間感對孩子非常重要；年紀較小的孩子，對於距離、大小、形狀等較缺乏具體概念，須靠身體去感受。父母可多提供一些機會讓孩子探索，藉以提升空間感，促進孩子認識周遭，了解人事物與空間感之間的關係。

一般來說，空間感不好的孩子，可能容易迷路；空間感佳的孩子，對於方向感、二維和三維空間的理解度也較高。遊戲中可以一個指令一個動作，讓孩子扮演不同的動物，或做出各種動作，盡可能全身部位都運用到。

建議年齡：2～8歲

遊戲階段：獨自遊戲

遊戲種類：體能遊戲

髒兮兮程度：★☆☆☆☆

遊戲的價值

- 加強全身協調能力
- 提高孩子專注力
- 增加孩子的專注力及觀察力
- 增強本體覺
- 加強全身肌肉發展
- 培養孩子解決問題的能力
- 發揮創意力
- 提升空間感
- 訓練聽力

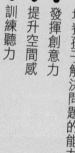

遊戲好好玩

搞怪彈力伸縮衣

☆遊戲準備

*伸縮衣（用彈力布製作）

☆遊戲訣竅

*孩子想辦法把伸縮衣穿在身上。由於只有一個小洞，所以要發揮想像力，計畫每一步動作，鑽入伸縮衣。

*孩子轉換每一個動作都高難度，須運用全身的肌力去進行。

*鼓勵孩子天馬行空發揮想像力，在伸縮衣裡扮演不同形狀。

*穿上伸縮衣後，可試著站起來；在撐開彈力布時，加強大肌肉力量。

*透過四肢用力，改變伸縮衣的形狀。

*孩子在伸縮衣內，有如變形蟲一般蠕動，同時建立對不同空間的認知。

＊父母與孩子玩一個口令一個動作的遊戲，請孩子在伸縮衣內扮演不同動物，並做出各種動作。（例如：扮成兔子跳跳；學長頸鹿把身體變長；扮蛇在地上扭動。）

＊彈力伸縮衣除了幫助體適能發展外，也有助於專注力的培養。

☆ Tracy小叮嚀

＊伸縮衣開口不要封住，保持空氣流通。

＊鼓勵孩子運用身體的每一個部位。

七感遊戲分析圖

搞怪彈力伸縮衣

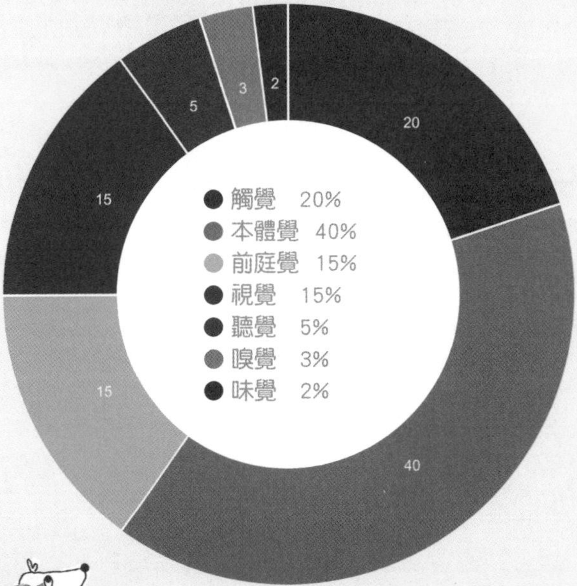

遊戲7 舞動彩帶

兩歲的孩子是最好動的年紀，隨時隨地都在蹦蹦跳跳，運用著他們的七個感官。在這個階段，建議父母三不五時遞給孩子一些素材，讓他們輕鬆地透過玩樂來刺激七感。

彩帶是幼兒體適能常見的一種工具，可以在舞動身體的同時，刺激本體覺；頭部旋轉變換位置，增加了前庭覺刺激；孩子想要看清楚彩帶揮動的方向變化，也幫助了手眼協調及視覺追蹤能力。

舞動彩帶的遊戲，既好玩，又在無形中鍛鍊身體，值得一試喔！

建議年齡：2～8歲
遊戲階段：獨自遊戲、聯合遊戲
遊戲種類：體能遊戲
髒兮兮程度：★☆☆☆☆

遊戲的價值

- 運用本體覺，發展大肌肉的靈活度
- 刺激前庭覺，訓練平衡感
- 跳躍能發展心肺功能
- 提升全身肌肉發展
- 訓練伸展能力和穩定性
- 建立身體協調能力
- 增進觀察力、注意力
- 增進手眼協調能力
- 團體遊戲可增進人際關係

遊戲好好玩

舞動彩帶

☆遊戲準備

*寬敞空間

*彩帶

☆遊戲訣竅

*孩子盡情揮舞彩帶時，運用到全身的大小肌肉；看著彩帶揮動的方向，促進手眼協調能力；看著無規則律動的彩帶，孩子也同時思考著手的動作與彩帶的關係。

*孩子在揮舞彩帶時，進行跑步、旋轉、跳躍、手高舉等動作，都在積極地運用本體覺。孩子跳躍時揮動彩帶，當下須保持平衡，可練習全身協調能力。

*孩子無特定目的、自在地隨著音樂起舞，對於舒緩情緒非常有幫助。

*鼓勵孩子在揮舞中畫出圖案、形狀，增加難度。

七感遊戲分析圖

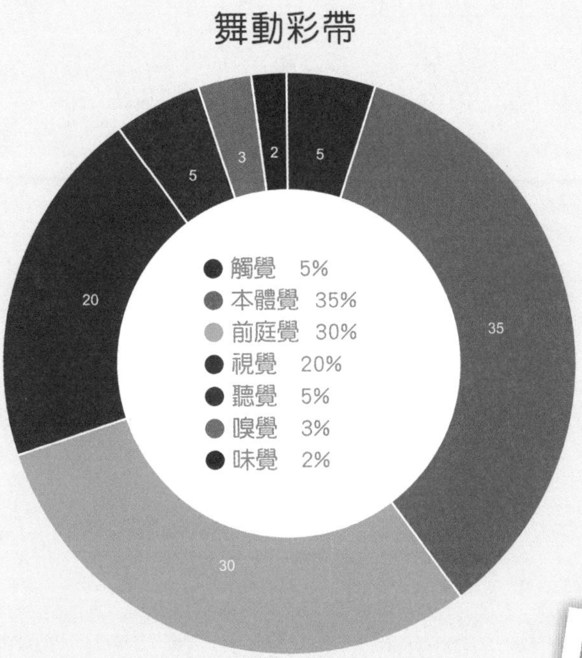

☆ Tracy小叮嚀

＊揮舞彩帶時，可播放輕快的音樂，增添愉悅感。

＊提供孩子寬敞的空間，活動起來不受限制，能自在伸展肢體。

遊戲8

攀爬繩梯

攀爬對孩子的本體覺發展非常重要。我們常在公園裡見到各種攀爬器材，有固定的金屬梯子，也有半固定的繩索爬梯，為的就是要讓孩子在公園遊樂場裡能活動到每一寸筋骨。

如果想讓孩子挑戰更高難度，可以試試比較少見的攀爬繩梯。攀爬繩梯是一項極具挑戰性的運動，沒有一定的身體協調能力，還真的做不來。爬繩梯有助於提升手眼協調及增強大肌肉技能；在繩梯上，孩子需要發揮專注力，計畫著自己的每一步，來達到目標；攀爬的過程，孩子左右手腳交互移動著向上攀爬，不僅須控制身體的平衡，還須有極

大的四肢協調能力；等孩子抓到訣竅，爬到頂端完成任務，內心充滿成就感，也更增添自信。

建議年齡：2～8歲

遊戲階段：獨自遊戲、合作遊戲

遊戲種類：體能遊戲

髒兮兮程度：★☆☆☆☆

遊戲的價值

- 增加身體柔軟度與和諧感
- 刺激前庭覺，訓練平衡感
- 發展身體協調能力
- 加強抓握能力
- 培養獨立自主能力
- 提高孩子手臂手腕的力量
- 訓練下肢穩定度
- 提高孩子獨立解決問題的能力
- 提升動作計畫能力
- 增進手眼協調能力
- 提升孩子觀察力及專注力

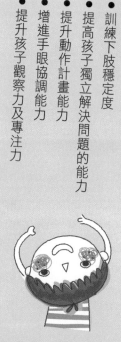

遊戲好好玩

攀爬繩梯

☆遊戲準備

*繩梯

☆遊戲訣竅

*由於繩梯並沒有固定在地上，攀爬時會搖擺不定。年紀小的孩子，父母可協助稍加固定繩梯底部，防止劇烈晃動，以利孩子攀爬，也給予情感上的支持。

*年紀較大的孩子，可嘗試挑戰在繩梯擺動的狀態下，向上攀爬。孩子在擺盪的繩梯上爬行，極具難度，需要核心能力去平衡自己。

*孩子左右腳交替，踩在擺動的繩梯上，為了保持平衡，必須發揮專注力。

*給孩子一個目標，爬到頂峰後，大喊完成任務，信心大增。

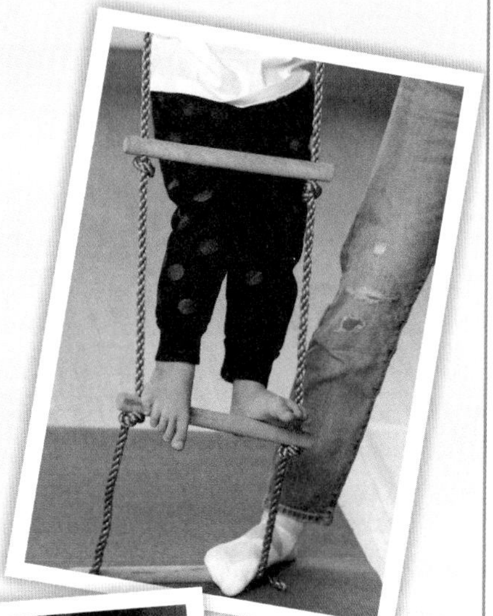

七感遊戲分析圖

攀爬繩梯

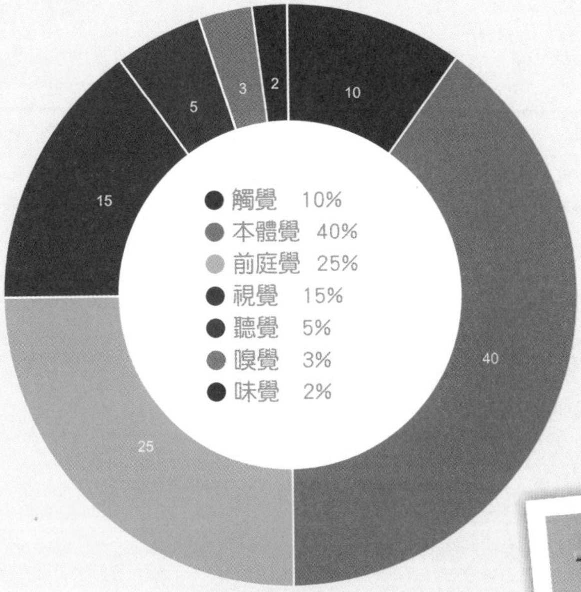

☆Tracy小叮嚀

*繩梯的高度最好能觸碰地面，方便孩子穩定地爬上繩梯。

*盡量讓孩子靠自己的力量往上攀爬。

遊戲9

彈跳床

彈跳床是近年來非常盛行的一種運動，運動愛好者用它來強身健體，不但能強化心肺功能，也可以加強骨骼系統，有助淋巴循環，促進組織修復和身體生長。曾看過一份報導，彈跳床運動十分鐘，相當於跑步一小時。有些人跑步過量、過久，可能會傷及關節，但彈跳床運動對於關節的衝擊是零，相較起來，彈跳床既省力又省時。

原來早期美國NASA太空總署是利用彈跳床來訓練太空人的體能。太空人因為長期在無重力的空間，失去骨質密度和肌力，須借用彈跳床，來訓練強化骨骼和肌肉。

不論是購買一個小型的室內彈跳床，或是去坊間的彈跳遊樂場，孩子們在彈

跳床上玩樂，對各方面都有大大的幫助——前庭覺和本體覺同時運用，骨骼和核心同時加強。

孩子玩樂的方式，倒是比大人有創意多了，不僅是跳躍彈跳床的遊戲樂趣，孩子還可以在半空中做出不同的動作，發揮創意。彈跳床不僅能改善身體的協調，也能增進平衡感，加強運動技能。

建議年齡：2～8歲

遊戲階段：獨自遊戲

遊戲種類：體能遊戲

髒兮兮程度：★☆☆☆☆

遊戲的價值

- 刺激前庭覺，訓練平衡感
- 強化心肺功能，強壯骨骼系統
- 訓練觸覺，促進中樞統合能力
- 建立肌耐力、身體協調能力
- 發展大肌肉的靈活度
- 學習重力概念及空間概念
- 增進觀察力、注意力
- 增進手眼協調能力
- 鼓勵冒險精神

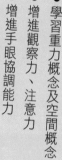

遊戲好好玩

彈跳床

☆遊戲準備

*寬敞空間

*彈跳床

☆遊戲訣竅

*使用可升降把手的室內外兩用彈跳床，把手可依孩子的身高作調整。

*踩上彈跳床時，請留意身體須保持平衡，必要時，父母可從旁輔助。

*小小孩請務必握好把手，讓身體保持平衡。

*在彈跳時，著地點盡量保持在彈跳床的正中央位置，讓施力點得以平均。

*準備就緒，可以運動囉！把手只是輔助，幫助保持在彈跳床上，千萬別將全身力氣放在把手上，以免重心不穩。

*年紀較大的孩子可放開把手，自己尋找平衡。

☆Tracy小叮嚀

*家中彈跳床若沒有把手，安全起見，父母最好能從旁陪伴輔助。

*請勿穿著鞋子上彈跳床；穿鞋彈跳容易扭傷，請留意。

七感遊戲分析圖

彈跳床

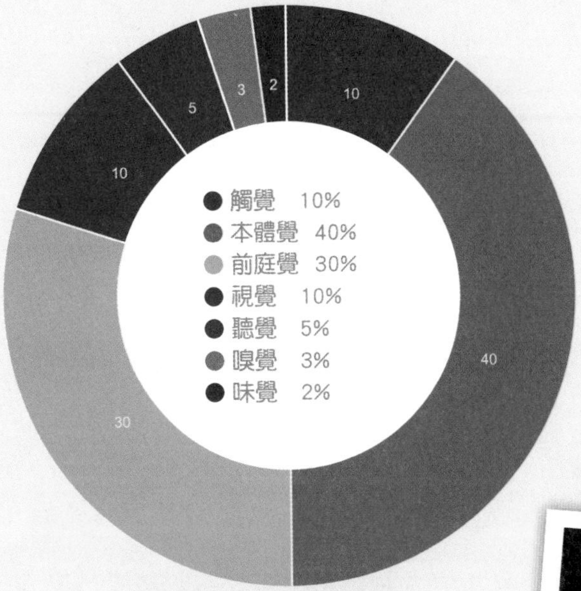

遊戲10

人力手推車

如果你曾經參加孩子學校的運動會，應該玩過這種雙人遊戲：一人扮作推車，利用雙手支撐作為行走的工具；另一人為推車人，抬起同伴的雙腳向前推進——這種以小組形式進行比賽、以身體為媒介的遊戲，孩子常玩得不亦樂乎！

在「人力手推車」遊戲中，可達到手腕及雙臂的肌肉訓練、強烈的本體覺刺激、向前邁進所需的身體協調，以及兩人之間的默契和團隊精神。

此外，孩子在玩這個遊戲時，會發現一些合作的問題，像是：步

調不一致、節奏不同步等；孩子會透過發現問題，共同合作以調整到最佳的位置。真正印證：一個小小的遊戲，卻有大大學習喔！

建議年齡：3～8歲

遊戲階段：合作遊戲

遊戲種類：體能遊戲

髒兮兮程度：★★★☆☆

遊戲的價值

- 刺激本體覺
- 增進團隊精神
- 提升動作計畫能力
- 培養解決問題的能力
- 提升手眼協調能力
- 增強核心肌肉
- 發展身體協調能力
- 增加身體柔軟度及和諧感
- 刺激前庭覺，訓練平衡感
- 提高孩子手臂手腕的力量
- 訓練上肢穩定度
- 提升孩子觀察力、專注力

遊戲好好玩

人力手推車

☆遊戲準備

*寬敞空間

*兩位夥伴

☆遊戲訣竅

*剛開始，兩個夥伴必須先有互動，培養默契後，玩起來才協調、有趣。

*上臂用力把身體撐起時，需要極強大的上肢肌力。

*手掌撐在地板時，請將五隻手指張開，以分散施力點。

*扮作推車的孩子，如後腳過於彎曲，會讓後方的人很吃力，記得身體要伸直但保持放鬆，後方的夥伴才能比較輕鬆。

*當身體挺直時，需要極大的核心肌力來維持——邊爬行，邊訓練持續力。

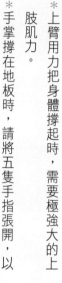

*前進時，需要專注力、肌耐力，以及鍛鍊手眼協調的能力。

☆Tracy小叮嚀

*玩遊戲前，記得先熱身，尤其是手腕要先放鬆喔！

*爸爸媽媽要扮演稱職的啦啦隊喔，一起參與孩子的歡樂遊戲。

七感遊戲分析圖

人力手推車

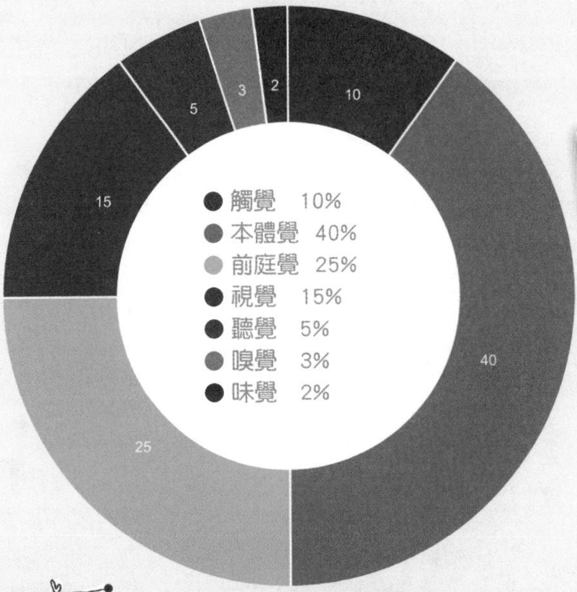

Chapter 7

視覺遊戲

〇到三歲是孩子視覺啟蒙的最佳時機。
在這段時間給予孩子越多視覺刺激，
越能增加視覺敏銳度、反應速度及提升大腦力。
視覺的功能是用眼睛來了解周遭環境，進而與世界作連結。
良好的視覺，能輕鬆地聚焦、追蹤移動的物體、
分辨顏色及亮度；
若視覺失調，便無法好好地閱讀、抄寫課文，
或警覺正在向你飛來的危險物品。
因此，從孩子出生到一歲前，
給予適當的視覺刺激，是非常重要的。

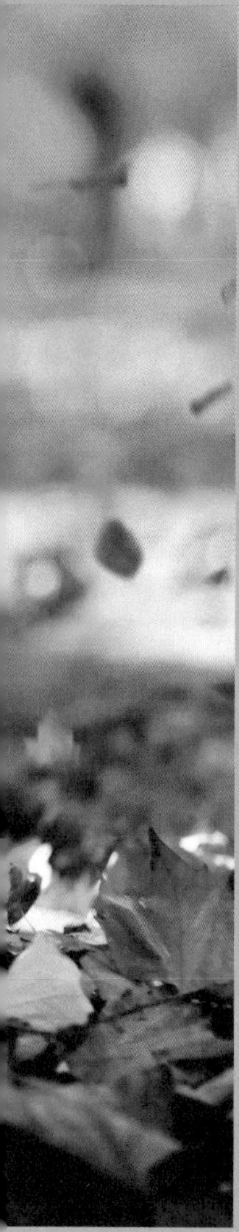

遊戲1 視覺探索瓶

視覺探索瓶，又稱感官瓶，也有人叫冷靜瓶，是鼓勵視覺感官刺激常見的一種遊戲。

任何可密封的容器都可做成探索瓶，只要加入水、亮片、閃粉、膠水，以及各種類型、不同重量的物品，就可以讓孩子進行有趣又驚喜的視覺探索。

在製作探索瓶或感官瓶時，孩子透過抓住並拾起小物件，然後將它們放入瓶子中，可以加強小肌肉的精細動作，之後可加入水、油或膠水；由於液體的密度不同，小物件在瓶中的下降速度也不同——如果放入清水，感官瓶倒立時，裡面的小物件落下的速度會非常快；如果加入膠水，瓶中的小物件下降速度則會減緩。如前所述，感官瓶也被稱為冷靜瓶，因為速度減緩，孩子在專注看著下滑的小物件時，可以舒緩情緒。當孩子發脾氣或鬧彆扭時，望著冷靜瓶放鬆是非常有

效的，有助於緩和激動的情緒。

製作探索瓶時，可隨著孩子的喜好，做出不同的主題，不僅能達到視覺刺激、減壓效果，還能提升觀察力和專注力，一舉數得！

建議年齡：6個月～3歲

遊戲階段：獨自遊戲

遊戲種類：探索遊戲

髒兮兮程度：★★☆☆☆

遊戲的價值

- 感受視覺刺激
- 增強手眼協調能力
- 促進小肌肉發展
- 加強視覺專注力
- 提升視覺追蹤能力
- 放鬆心情、舒緩情緒
- 提升觀察力
- 增進親子關係
- 發揮創造力

遊戲好好玩

視覺探索瓶

☆遊戲準備

*小物件：亮片、鈕扣、羽毛、小石子、吸管、閃粉、鈴鐺

*水、油、膠水

*食用色素

☆遊戲訣竅

*孩子一一將小物件放進瓶中，可培養手眼協調能力及小肌肉精細動作。

*孩子可發揮創意，依自己喜愛，設計出各種主題的探索瓶：色彩繽紛探索瓶、春夏秋冬探索瓶、火山熔岩瓶及金光閃閃冷靜瓶。

*製作「色彩繽紛探索瓶」：讓孩子仔細研究瓶中的物件，搖一搖，看看裡面的變化。搖晃時，不同物件落下的速度不同，藉此可以理解重力及速度的概念。

*製作「春夏秋冬冷靜瓶」：藉此學習季節變化及相關物件。春／花；夏／沙子、貝殼；秋／落葉；冬／雪花。

*製作「火山熔岩瓶」：可在瓶中加入一半油一半顏色水（橘色），用力搖晃，一邊觀察瓶中油與水如何融合的變化，一邊學習科學知識。

*製作「金光閃閃冷靜瓶」：加了膠水的冷靜瓶，搖晃時，閃粉會慢慢地落下，引導孩子深呼吸、吐氣，慢慢放鬆心情，舒緩情緒。

*製作「萬磁王觀察瓶」：觀察充滿迴紋針的探索瓶，碰到了磁鐵，會激盪出什麼變化？

*孩子們有自己的玩法——原來探索瓶也

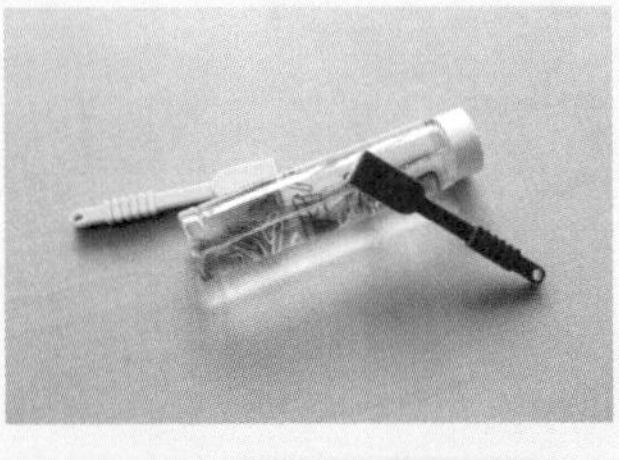

視覺

可以拿來玩疊疊樂。

＊全家大小一同探索，說出自己的大發現，也促進了親子關係。

☆Tracy小叮嚀

＊探索瓶製作完成後，記得密封瓶子，以免內容物流出。

＊隨著節日、季節變換主題，讓孩子有更多元的學習。

七感遊戲分析圖

視覺探索瓶

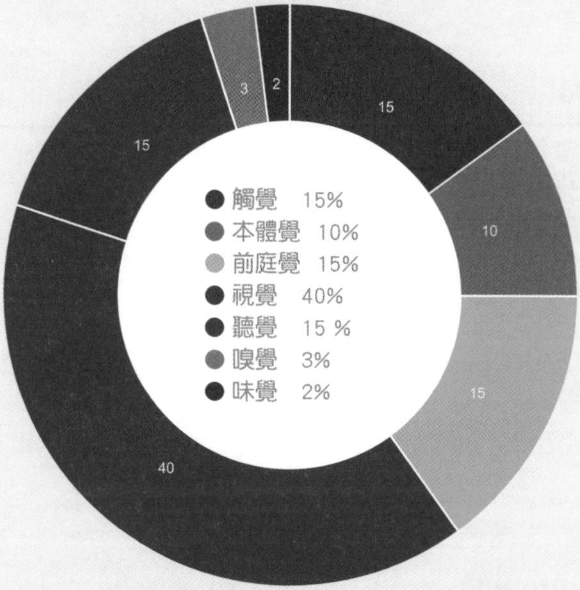

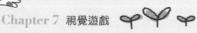

遊戲 2 舞動紗巾

紗巾有著千變萬化的玩法。隨著孩子雙手自由地擺動，可以向上、向下、向內、向外、向周圍轉動，也可以拋、接、揮舞、跳躍，抑或玩起躲貓貓、扮家家酒。

孩子舞動紗巾的過程充滿各種學習——透過靈活地運用手臂和小指頭，充分鍛鍊小手的精細動作；孩子跳躍時，可增加肢體協調能力，更鍛鍊到大肌肉能力。紗巾拋到空中飛舞時，眼睛注視著紗巾飛往的方向，可練習視覺追蹤能力。

彩色紗巾是許多學前教育機構都會使用的教學工具，色彩繽紛且材質柔軟，可以將不同顏色的紗巾疊在一起，透過看著兩種或多種顏色的紗巾，看著眼前景象變成不一樣的顏色，激發孩子的思考能力及想像力。

紗巾也是音樂課堂上的絕佳道具，隨著音樂的

快慢節奏擺動，律動著身體，活力十足地鍛鍊大肌肉。或者，也可以拿一條紗巾跟媽媽玩躲貓貓，增加親子互動。

建議年齡：2~8歲

遊戲階段：獨自遊戲、合作遊戲

遊戲種類：探索遊戲、體能遊戲

髒兮兮程度：☆☆☆☆☆

遊戲的價值

- 增強手眼協調能力
- 加強視覺追蹤能力
- 增強觸覺、前庭覺、本體覺的感知
- 促進小肌肉精細動作發展
- 加強視覺專注力
- 放鬆心情舒緩情緒
- 提升觀察力及創造力
- 促進大肌肉發展
- 激發想像力
- 加強色彩認知

遊戲好好玩

舞動紗巾

☆遊戲準備

*寬敞空間

*各種尺寸、顏色的紗巾

☆遊戲訣竅

*用力甩紗巾，讓它飛起來；過程中，能鍛鍊孩子的視覺追蹤及手眼協調能力。

*揮舞著紗巾，旋轉跳躍，可訓練平衡感，並鍛鍊全身肌肉。

*把紗巾擋在眼前，看見的世界突然不一樣了，不但顏色變了，還變模糊，孩子在過程中發現視野轉換，啟發觀察力及想像力。

*用紗巾玩躲貓貓是孩子的最愛。媽媽在哪裡？媽媽在這裡！鼓勵孩子思考遮與不遮的視覺空間轉換。

☆ Tracy小叮嚀

＊提供孩子不同尺寸的紗巾，藉以探索不同的揮舞力道。

＊全新的紗巾因經過上漿處理，質感較硬，建議用清水洗過之後再使用。

七感遊戲分析圖

舞動紗巾

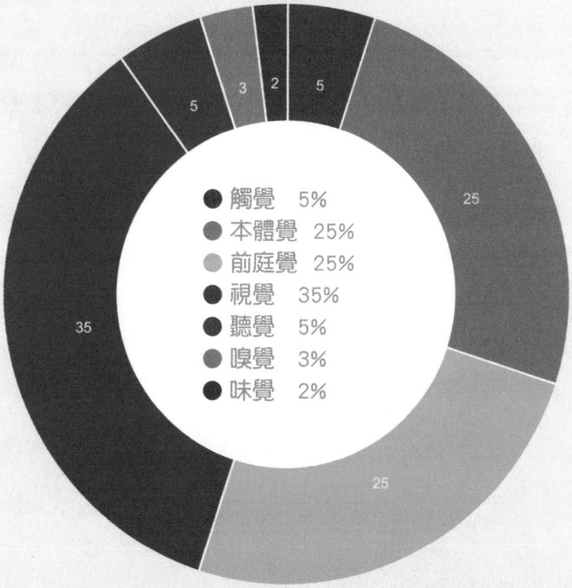

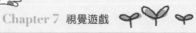

遊戲3 楓葉透視窗

每當秋天一到，公園野地到處可見形形色色的落葉，這是撿落葉、做標本、讓在都市長大的孩子多接觸大自然的好時機！

隨著樹葉越撿越多，除了可以拿來做顏料拓印或是陶土拓印外，黏在窗戶上竟是如此美麗——當各種形狀和顏色的葉子布滿整片玻璃時，在陽光的照映下，光線穿過每片樹葉，葉子的輪廓紋理鮮明，是另一種欣賞樹葉的方式。

利用透明包書膜的黏性，把樹葉一片片黏上，過程中，黏性給予觸覺刺激；手臂高高舉起布置玻璃窗，可加強上肢肌肉；想著哪一片葉子放在哪裡，促進了孩子的計畫能力；在陽光下透視著樹葉，除有視覺刺激之外，也加強了觀察力和注意力。

建議年齡：2～8歲

遊戲階段：聯合遊戲、合作遊戲

遊戲種類：創造性遊戲、大自然遊戲

髒兮兮程度：★★☆☆☆

遊戲的價值

- 發揮創造力及想像力
- 提升觀察力及專注力
- 增強手眼協調能力
- 增加視覺感官經驗
- 提升幼兒思考能力
- 加強小肌肉訓練
- 培養孩子好奇心
- 提升手腕靈活度
- 具療癒效果，可舒緩情緒

遊戲好好玩

楓葉透視窗

☆遊戲準備

*自黏性包書膜

*各類形狀、大小的樹葉

☆遊戲訣竅

*將樹葉撿回家，進行消毒、擦拭後，即可置於書本裡壓平；一天後就可拿出來，以保顏色鮮豔。

*探索大自然的產物，研究每片葉子的特殊之處。孩子見到形狀特殊的葉子，會仔細地觀察，父母可趁機與孩子分享大自然的奧妙。

*將自黏性包書膜打開，黏性那一面向著自己，利用膠帶將包書膜貼在玻璃窗上加以固定。

*將準備好的樹葉貼在玻璃窗上；手舉高的同時，也加強了上臂肌肉。

*讓孩子發揮創意，設計自己獨一無二的楓葉牆，邊貼黏，邊注視著每一片葉子不同的顏色、粗細紋理及大小，提升專注力。

*透過光的照射，每片樹葉的細節都一目瞭然。欣賞著自己的創作，享受大功告成的成就感。

☆ Tracy小叮嚀

＊若擔心撿回來的樹葉不乾淨，可先消毒擦拭後，再放進書本裡壓平。

＊為保持樹葉的顏色鮮豔，只須壓平一天就可以了。

七感遊戲分析圖

楓葉透視窗

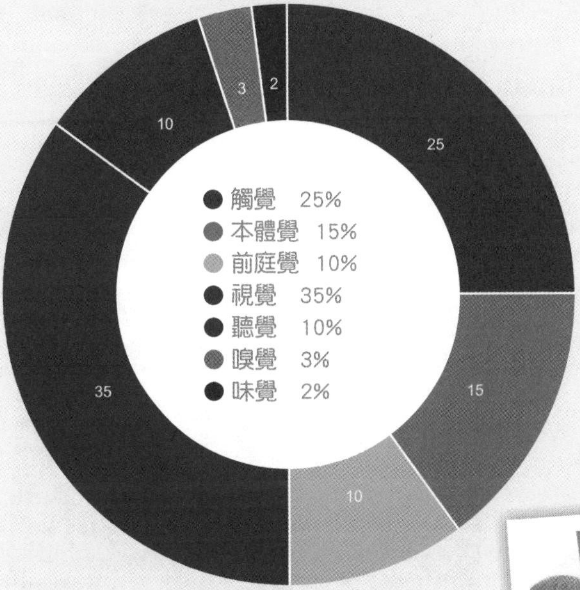

遊戲4 燈箱玩樂

在國外學前教育的教室裡，燈箱是必備的器材——使用燈箱玩遊戲，能帶給孩子無窮盡的學習。

燈箱是半透明的平坦表面，下方有光源，當燈光照到箱子頂部，任何放在上面的透明物件，都能變得透光而美麗。孩子們很容易被燈箱柔和的光線所吸引，格外專注地玩上好一段時間。

燈箱的光亮，可給予孩子特別的視覺刺激；燈箱裡的燈光，反射在透明的物件上，讓孩子學習變換光影、探索顏色，進行科學研究；色彩鮮豔的透明物件，能讓孩子對顏色有深入的認知，也能透過不同形狀的物件，學習數學概念；用燈箱玩遊戲，

孩子能全面發揮想像力、創造力來排列出美麗的圖樣。

由於坊間賣的燈箱都過於昂貴，在此教大家自己製作便宜、簡單又實用的燈箱，隨時想玩，都能派上用場！

建議年齡：2～8歲

遊戲階段：獨自遊戲、聯合遊戲

遊戲種類：探索遊戲

髒兮兮程度：★☆☆☆☆

遊戲的價值

- 感受視覺刺激
- 增進手眼協調能力
- 提升創造力、專注力
- 加強視覺專注力
- 增強對顏色的認知
- 提升對形狀的認識
- 促進小肌肉發展
- 學習設計及規畫排列

遊戲好好玩

燈箱玩樂

☆遊戲準備

*塑料箱（透明有蓋）

*裝飾燈串（附電池盒）

*各類透明物件

☆遊戲訣竅

*裝飾燈串可在傢俱燈飾區找到，依個人喜好，選擇白光或黃光皆可。購買附帶電池盒者為佳，可隨意擺放，不受插座的限制。

*把裝飾燈串放入透明的塑料箱，如此，燈箱就大功告成了，簡單又實惠。

*任何透明物件，像是：透明瑪瑙石、透明小石子、透明玩具車、透明小積木……等，都能放上燈箱，供孩子盡情探索。光的透射，十足引發孩子的好奇

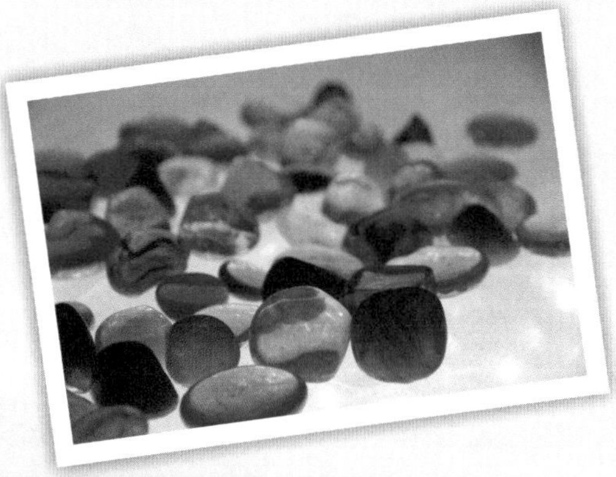

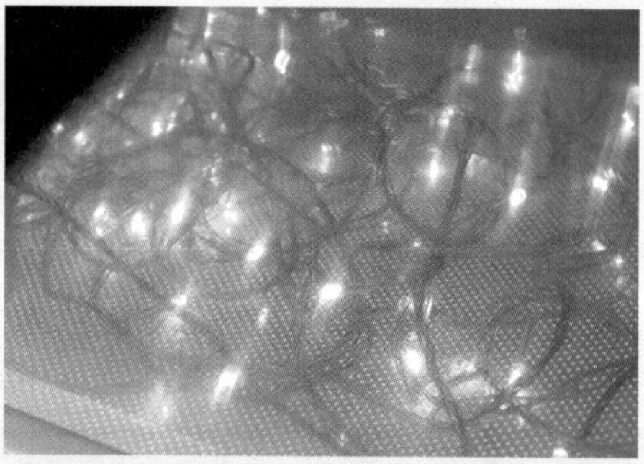

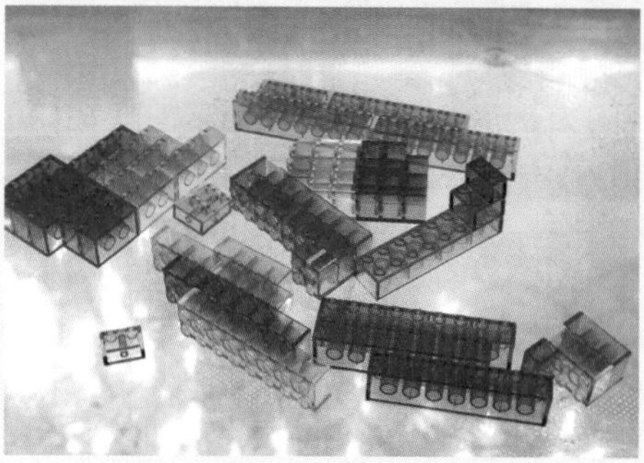

視覺

心及觀察力。

＊任何透明物件一放到燈箱上，都顯得奪目耀眼。孩子對於顏色重疊感到好奇，可藉機學習色彩概念。

＊在燈箱上堆疊透明積木，或是孩子圈流行的磁鐵積木，也可以放在燈箱上組合，有另一番新奇體驗喔！

＊不同形狀、顏色的透明物件，讓孩子發揮創意，做出無限的組合。孩子會創造出意想不到的成品，透過燈光投射，給予視覺豐富的刺激。

☆Tracy小叮嚀

＊只要是能透光，或有些許透明度的小玩意兒，都能放上燈箱一探究竟喔！

＊孩子玩上一段時間之後，記得讓眼睛休息一下喔！

七感遊戲分析圖

燈箱玩樂

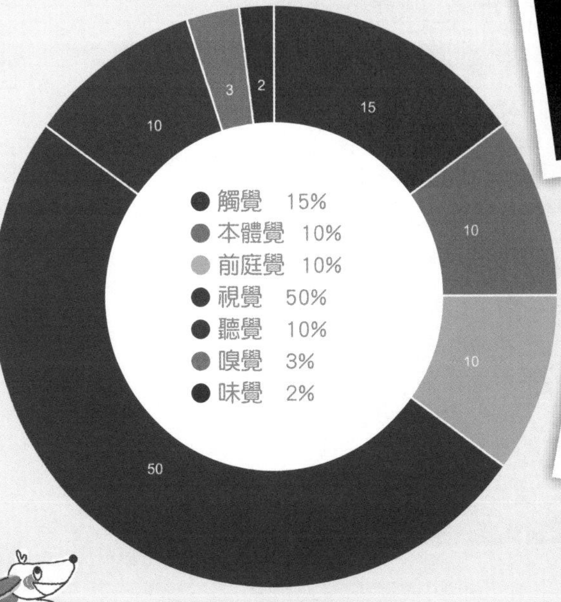

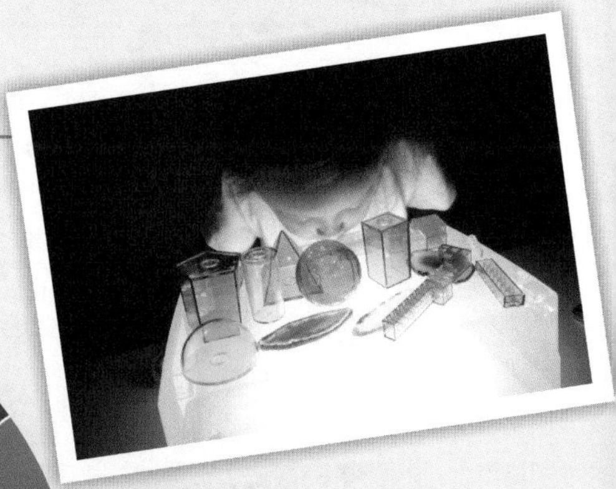

遊戲5 摸黑螢光塗鴉

要提供幼兒視覺刺激有許多方法，在黑暗中玩耍就是其中一種。除可在關了燈的房間，用手電筒玩光的追蹤、拿螢光棒唱唱跳跳、投射天花板的夜燈幫助入眠之外，還可利用紫外線黑燈管，讓孩子進行一場螢光塗鴉，創造另一種獨有的視覺效果——在黑暗中進行遊戲，發揮孩子愛隨意塗鴉的天性；爸媽只要將主要材料備好，剩下的，就交給孩子吧！

孩子在玩「摸黑螢光塗鴉」遊戲時，也可配上輕音樂，能舒緩情緒達到療癒作用！

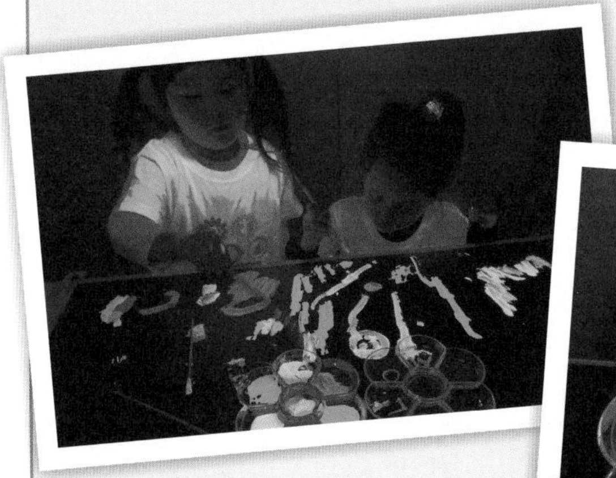

遊戲的價值

- 音樂使身心放鬆
- 繪畫能舒緩情緒
- 發揮藝術天分
- 提升創造力、專注力
- 培養社交能力
- 增進學習能力
- 提升上臂肌力
- 促進小肌肉發展
- 加強視覺專注力

建議年齡：2～8歲

遊戲階段：平行遊戲、合作遊戲

遊戲種類：探索遊戲、髒兮兮遊戲

髒兮兮程度：★★★★☆

遊戲好好玩

摸黑螢光塗鴉

☆遊戲準備

*螢光顏料
*黑色塗鴉紙（突顯螢光效果）
*紫外線黑燈管
*筆刷
*螢光白板筆

☆遊戲訣竅

*將螢光顏料備好；讓孩子在漆黑的房中穿上白色衣服，透過黑燈管的照射，孩子們的小臉將閃亮發光。
*孩子們研究螢光顏料與普通顏料的不同，互相觀摩，互相學習。
*在黑色塗鴉紙上方架一支紫外線黑燈管（若不方便架設燈管，直立在旁邊固定亦可）；燈管越靠近塗鴉紙，螢光顏料的顏色會顯現得越鮮明。
*孩子鮮少在這樣的環境中作畫，不但發揮創作力，也提升了專注力。
*在黑暗中用螢光白板筆塗鴉，除有視覺上的刺激，配上輕音樂，還有療癒效果。
*孩子在畫畫時，請大人不要從旁干擾，給孩子空間自由發揮，美麗的畫作將一張接一張誕生。
*放畫筆的杯子，也可以是孩子發揮創意的畫布。

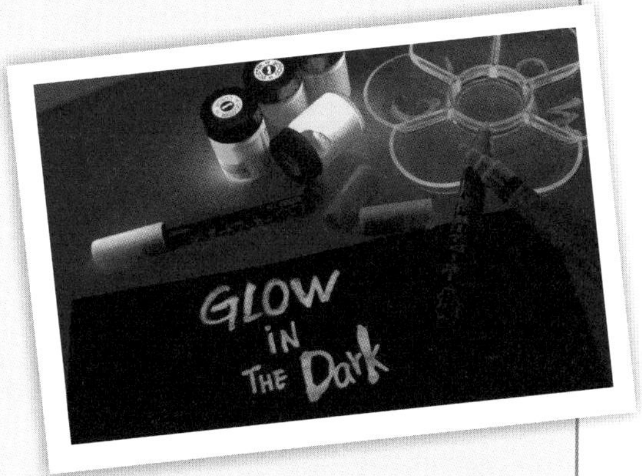

＊孩子用手直接塗抹顏料作畫，大量刺激觸覺，發現混色後的畫作更美！

☆Tracy小叮嚀

＊將黑管燈位置放得越低，螢光效果越好喔！

＊在黑暗中必須使用「螢光顏料」，才能透過黑燈管的照射發亮。請留意，可別買成「夜光顏料」喔！

七感遊戲分析圖

摸黑螢光塗鴉

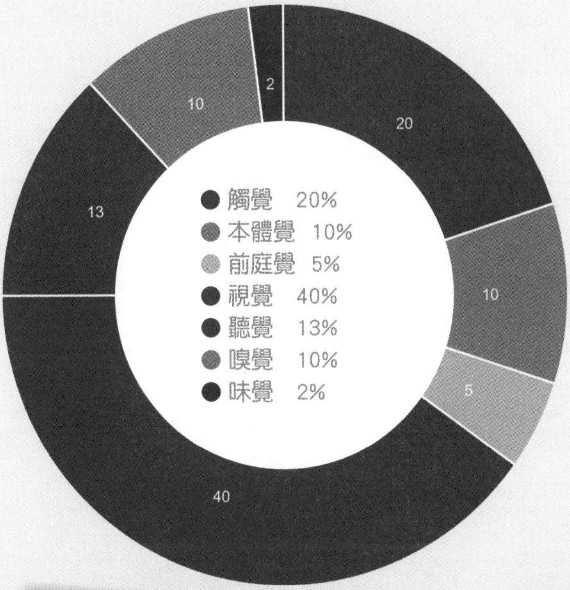

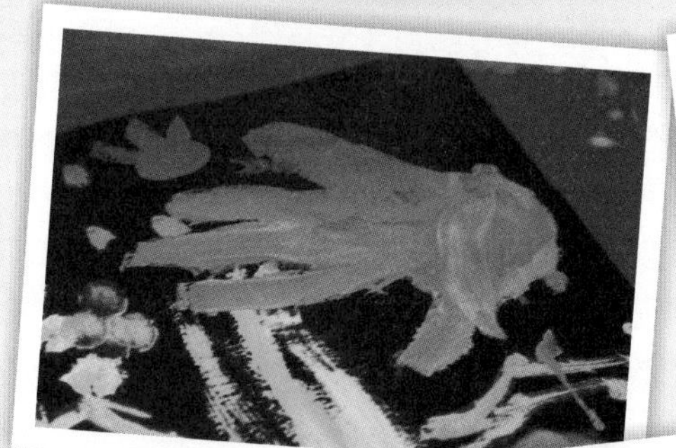

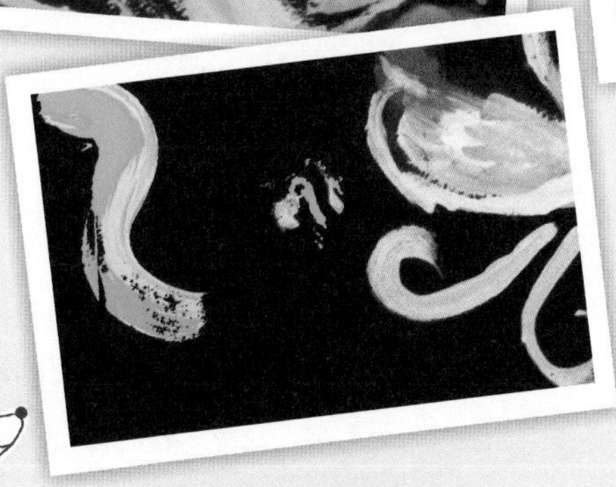

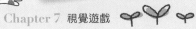

Chapter 8

聽覺遊戲

聽覺器官幫忙收集音源，傳至腦部，
讓我們不只是聽到聲音，還要了解聲音的意義，
包括音量、語調、節奏、聲音來源及詞中含意。
嬰幼兒階段是聽覺系統的關鍵期，
如果生活中的聽覺刺激不夠，
孩子會缺乏語言能力和溝通能力。
而如果孩子早期在聲音過度刺激的狀況下，
也容易損害聽力，無法進行正常聽覺的運作。
聽覺是語言之最，如果聽不清楚，也就說不清楚了，
所以，好好刺激孩子的聽覺吧！

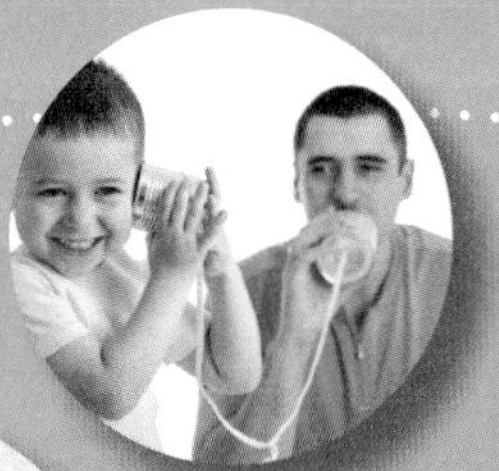

遊戲1 大自然沙鈴

讓孩子多聽聽不同聲音，是刺激聽覺的好方法。為了給孩子各式各樣的聲音聆聽，父母可以自行製作沙鈴，只要將喝完飲料的瓶子保留下來，就可以動手做了。

在生活中，隨時收集各種可發出聲音的小物件，舉凡細沙、米粒、鈴鐺、石子、剪斷的吸管、鈕扣……等，都是非常適合用來製作沙鈴的材料。父母可陪著孩子發揮創意，製作不同主題的沙鈴——想做出七彩繽紛、黑白色系、亮片反光，或是海洋風格，皆輕而易舉，各有樂趣。

本篇主題與大自然有關，所以收集的素材都是木製品，讓孩子有不一樣的感受。透過

聽覺

DIY沙鈴製作，孩子可練習小肌肉精細動作，增強計畫能力，發揮創意，提升聽覺靈敏度。

建議年齡：1～6歲

遊戲階段：獨自遊戲、聯合遊戲

遊戲種類：探索遊戲、大自然遊戲、髒兮兮遊戲

髒兮兮程度：★★★☆☆

遊戲的價值

- 增進對聲音的靈敏度
- 增強手眼協調能力
- 促進小肌肉發展
- 增進專注力
- 有助情緒舒緩
- 提升創造力及探索能力
- 加強聽覺辨識能力

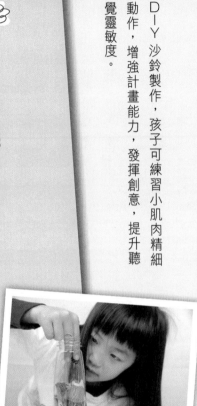

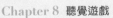

遊戲好好玩

大自然沙鈴

☆遊戲準備

*各類大自然小物件：小樹枝、石子、木條、木字母、小松果、沙子、米粒

*小工具：夾子、湯匙

*塑料瓶子（附瓶蓋）

☆遊戲訣竅

*準備各類大自然物件。像是：小石子頗有重量，可以發出較大的聲音，搖動瓶罐，會發出沙沙的聲音；加入木條，可學習長短、粗細等形容詞。

*在瓶中裝入各種乾燥花草果實，仔細研究乾燥花的不同形貌和色澤。

*米粒的沙沙聲與沙子類似但不同，等著孩子去發掘聲音的差異。

*手抓米粒，帶給孩子很特殊的感覺，孩子也體驗一把抓米粒的觸覺。

*使用不同工具，可運動到不同部位的手指小肌肉。像是：使用小湯匙，可以訓練舀勺的技巧，並鍛鍊手腕的靈活度。

*陪孩子練習如何有耐心地放入米粒，並且不讓它倒出來。

*孩子利用漏斗倒入米粒，需要運用到小肌肉、專注力和手眼協調能力。年紀較大的孩子，可試試利用湯匙倒入米粒，挑戰不灑出。

*運用食指和拇指將字母捏緊時，可鍛鍊手指的小小肌肉。

*當小物件掉入瓶內，孩子可同時觀察不

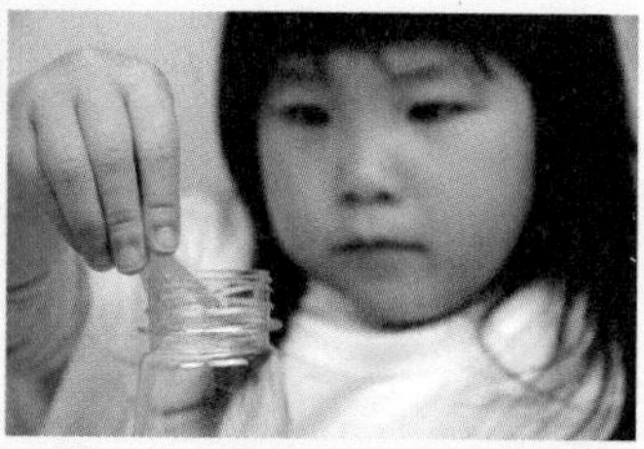

聽覺

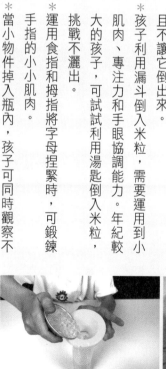

同聲音——像小松果輕輕的聲音，還是像石頭重重的撞擊聲？

＊陪孩子玩找找字母的遊戲，隨著瓶子轉動，唏唏挲挲也刺激聽覺。

＊完成了！搖搖看，聽聽每個瓶子有什麼不同的聲音。

☆Tracy小叮嚀

＊三歲以下的孩子，為避免誤食材料，請父母自行完成沙鈴製作，僅提供孩子聲音的探索就好。

＊三歲以上的孩子，可自行發揮創意，製作自己喜歡的沙鈴。

七感遊戲分析圖

大自然沙鈴

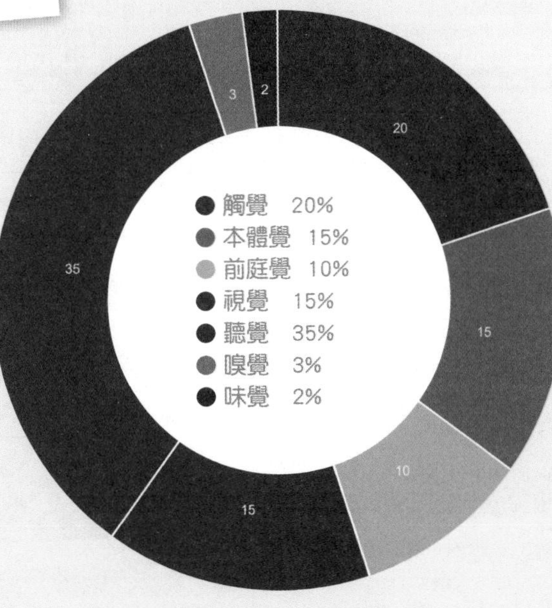

遊戲2

敲敲打打玩音樂

相信每個家庭或多或少都有些樂器，可以讓孩子在家敲敲打打，刺激聽覺。聽覺作為最早發育的感官，也讓早期音樂認知成為人類最早發展的潛能之一，因此，早期音樂胎教非常受到媽媽們的歡迎。

音樂有某種魔力，節奏輕快會讓人雀躍，輕柔的音樂能讓人放鬆。早期音樂教育包含很多種：聽音樂、演奏樂器、隨音樂起舞、玩音樂遊戲……都能啟發孩子的音樂細胞。

日常生活中，舉凡家裡任何能發出聲音的東西，都可以拿來跟孩子玩聽聲音、辨聲音、辨節奏的遊戲。此外，家中可準備各類敲打樂器，提供熱愛探索聲音的孩子隨時把玩。早期接觸音樂的孩子，除了有助聽覺感官之外，還能增強注意力，提升未來的閱讀能力。

遊戲的價值

- 提高聽覺能力
- 增進對聲音的靈敏度
- 增強手眼協調能力
- 增進專注力
- 幫助開發記憶力
- 增強閱讀能力
- 培養音樂節奏感及音感
- 有助情緒舒緩
- 提升創造力及探索能力

建議年齡：6個月～5歲

遊戲階段：獨自遊戲、聯合遊戲

遊戲種類：探索遊戲

髒兮兮程度：★☆☆☆☆

遊戲好好玩

敲敲打打玩音樂

☆遊戲準備

＊各類能發出聲音的物件：奶粉罐、鍋碗瓢盆、大小紙盒

＊各種打擊樂器：桌鐘、手搖鈴、木琴、沙槌、手鼓

☆遊戲訣竅

＊爸媽多利用時間陪孩子一起探索聲音的大小、輕重。彩虹桌鐘，有著不同的音調供孩子聆聽聲音高低；將手搖鈴從左耳搖到右耳，增加聲音的立體感，同時練習聽覺追蹤；手搖鈴除了能發出不同音調之外，也可以拿起來甩一甩，練練手臂肌肉。

＊各種打擊樂器，都非常適合學齡前孩子練習聲音的探索。手鼓是一種特別的樂器，除了敲打之外，也可學習辨別形狀和顏色；敲打木琴，不僅可學習認識音階，也能促進手眼協調能力。

＊年紀較大的孩子，可自行將桌鐘排列好，進一步聆聽音階，奏出美妙的旋律；此外，還能感受敲打桌鐘所產生的振動。

＊孩子決定將音槌打在哪個音符上，過程中有助增進計畫能力。

＊若家中無樂器，找出大大小小的紙盒或鍋碗

七感遊戲分析圖

敲敲打打玩音樂

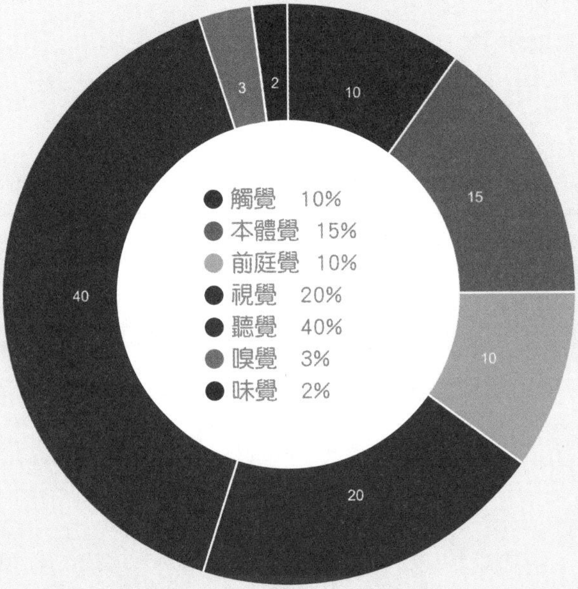

瓢盆，照樣能進行一場打擊演奏會。

☆Tracy小叮嚀

＊孩子一個人玩，可能敲兩下就放棄了，建議父母一同加入聲音的探索。

＊除了陪孩子敲敲打打之外，還能一起探討力道輕重與大小聲之間的關係。

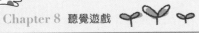

遊戲3 鈴鐺作畫

聽覺如何與藝術做結合？坊間流行用彈珠加顏料來滾出美麗的圖畫，或將小小玩具車沾上顏料，在白紙上行走作畫。若為了聽覺來做設計，不如加一些鈴鐺，在滾動出美麗線條的同時，也能聽見鈴鐺的聲音，讓這個遊戲不只是視覺加藝術，更增添了聽覺刺激。孩子可透過注視鈴鐺與彈珠的移動，來進行視覺追蹤，並試圖搖出更大的聲音，進而創造出美麗的圖案。

視覺追蹤及視覺專注，對於學齡前的孩子非常重要；視覺感知能力的

聽覺

提升，也能提高未來閱讀及抄寫的效率；聽覺追蹤及聽覺專注的訓練，有助於孩子未來更能輕易地掌握並接收各種音源的輸入。

建議年齡：2～6歲

遊戲階段：聯合遊戲

遊戲種類：探索遊戲

髒兮兮程度：★★★☆☆

遊戲的價值

- 提高聽覺及視覺能力
- 促進顏色混色認知
- 促進對聲音的靈敏度
- 增強手眼協調能力
- 增進視覺追蹤能力
- 增強上臂肌力
- 有助情緒舒緩
- 提升創造力及探索能力

遊戲好好玩

鈴鐺作畫

☆遊戲準備

*各色顏料

*鈴鐺、彈珠

*白紙、紙盒

☆遊戲訣竅

*準備任何能滾動的物件，可以發出聲音的物件更好（例如：鈴鐺）。

*用膠帶將紙張固定於紙盒中，以免滑動。

*將鈴鐺一個一個放入，練習小指頭肌肉。聽聽看，鈴鐺發出什麼聲音呢？

*選出喜歡的顏料，用力擠壓，有助於訓練抓握能力；加入不同顏色，更有混色效果。

*左右搖擺紙盒，讓裡面的鈴鐺可以滾動到每一個地方，同時，孩子發揮專注力，仔細探索顏色的變化及線條的形成。

*可再加入其他滾動物件（例如：彈珠），觀察它和鈴鐺滾動起來有什麼不同。

☆Tracy小叮嚀

*提醒並留意年紀較小的孩子，勿把鈴鐺、彈珠這類小物件放進嘴裡，以免誤食。

*如果顏料太濃稠，請在遊戲開始前，先加水稀釋。

七感遊戲分析圖

鈴鐺作畫

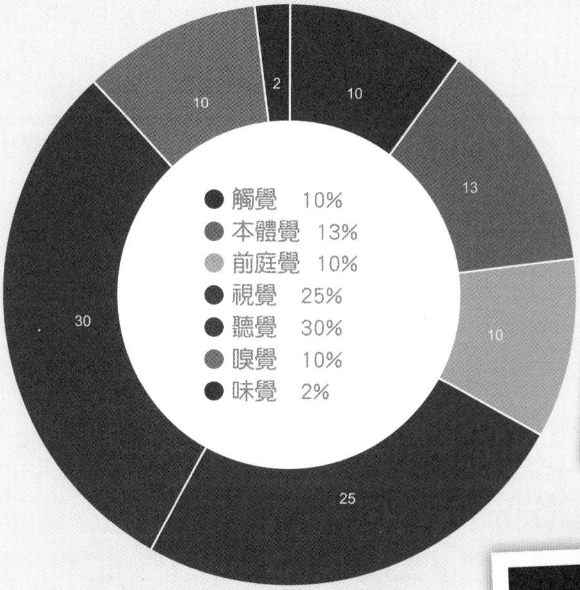

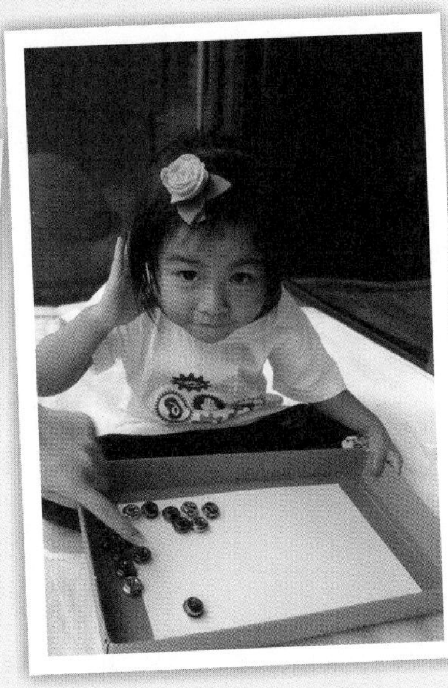

遊戲4

聲音對對碰

孩子在幼兒時期對聲音非常靈敏，任何細微的聲音都能聽見。聽覺對孩子無比重要——聽得見，才能學說話，因此，多多刺激孩子的聽覺，有助於各項學習發展。

除了讓孩子玩聽聽看、猜猜看這是什麼聲音的遊戲，還可以請孩子做聲音配對，加強孩子對聲音的專注力，並提高聽覺的靈敏度。爸媽可找一些容器（例如：塑膠蛋殼），放入能發出聲響的小物件，每兩個蛋殼為一組，放入同類型的物件，請孩子用聽的來配對，讓這個遊戲多一分挑戰。

聽覺

遊戲的價值

- 增進聽覺專注力
- 加強聽覺辨識能力
- 增進語言發展
- 增進對聲音的靈敏度
- 加強手眼協調能力
- 提升創造力及探索能力

建議年齡：1～6歲

遊戲階段：獨自遊戲、合作遊戲

遊戲種類：探索遊戲

髒兮兮程度：★★☆☆☆

遊戲好好玩

聲音對對碰

☆遊戲準備

＊不同顏色可開式塑膠蛋殼或任何小容器

＊各類小物件：棉花、小鈕扣、小石頭、鈴鐺、橡皮擦

☆遊戲訣竅

＊將準備好的塑膠蛋殼打開，每兩個為一組，放入相同的小物件，提供聲音配對使用。

＊這些小物件——有大有小，有輕有重——盡量挑一些不同聲響的物件來增加聽覺的多元性。例如：鈴鐺聲響大，棉花則沒有聲音；小鈕扣聲音較響亮，小石子的聲音相對低沉。孩子在聆聽時，可增加聲音的辨識能力。

＊大孩子可以幫忙製作音效蛋殼，過程需要孩子的專注力及手眼協調能力。用食指和拇指拾起小物件時，也訓練到手指小肌肉。

＊當音效蛋殼製作完成，三歲以下的孩子，可以自由探索，找出顏色與內容物的關聯；三歲以上的孩子，可試試閉上眼睛，在看不見顏色的情況下，只能憑聲音來配對。

＊除了自己搖一搖，聽一聽，也可以請同伴在身後搖出聲音，聽完後，進行配對，看看是不是猜對了。

＊在閉眼或蒙眼的情況下，少了視覺輸入，聽覺會變得更加靈敏，孩子也會更專注。

＊最後配對完成，請孩子打開看看，裡面到底是什麼？

☆Tracy小叮嚀

*塑膠蛋殼的接縫可用膠帶封起來，以免內容物散落出來。

*大孩子除了閉眼，也可以試試直接把眼睛蒙起來，防止偷瞄喔！

七感遊戲分析圖

聲音對對碰

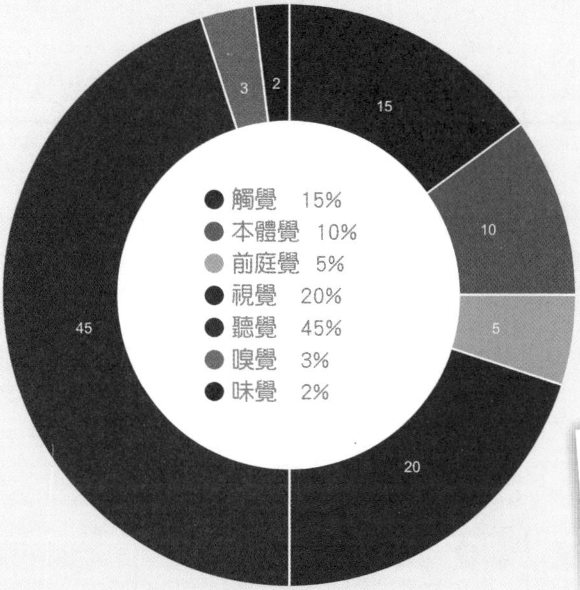

遊戲5 彩虹玻璃音樂

逛街時，每當看到玩音樂的街頭藝人賣力演出，不論是樂器演奏或敲打節奏，總讓我目不轉睛，停下腳步慢慢欣賞。其中我最愛的表演，就是街頭藝人在桌上排滿水晶玻璃杯，杯中放著高低不同的水量——不論是用工具敲打這些水晶杯，或用沾了水的手指輕輕在杯沿畫圈圈，都能奏出美妙的樂音。

我們也可以將這樣的聽覺體驗帶回家，讓孩子在日常生活中感受聲音的美妙變化。在家中，請孩子準備幾個玻璃杯，倒入不同水量，拿支木棒敲擊杯沿，請孩子仔細聆聽不同水量所創造出的不同音調。此外，玩這個遊戲時，也可以在每一杯水中加入不同顏色的色素，提升視覺效果，讓孩子體驗不同的刺激。若想奏出美妙的音樂，可利用調音器，調出漂亮的音準，奏出孩子最喜歡的兒歌。

建議年齡：3～10歲

遊戲階段：獨自遊戲、聯合遊戲

遊戲種類：探索遊戲

髒兮兮程度：★★☆☆☆

遊戲的價值

- 提高聽覺能力
- 增進顏色辨識能力
- 增進對聲音的靈敏度
- 加強手眼協調能力
- 增進專注力
- 培養音樂節奏及音感
- 有助情緒舒緩
- 提升創造力及探索能力

遊戲好好玩

彩虹玻璃音樂

☆遊戲準備

*水

*玻璃杯（七個）

*食用色素

*樂器、調音器

*敲擊木棒

☆遊戲訣竅

*準備七個玻璃杯加水，一邊敲打杯沿、一邊聆聽，同時調整水的高度，直到聽到Do、Re、Mi、Fa、Sol、La、Si、Do；為了找出準確的音調，可準備樂器及調音器輔助。

*孩子在倒水時，不僅練習手眼協調能力，也提升專注力；調音時，則促進聽覺靈敏度。

*請孩子在每個玻璃杯內，滴入不同的顏色，利用色素來添加視覺效果，依自己喜愛的顏色，調出彩虹音樂杯。孩子在擠壓滴出色素時，可鍛鍊手部小肌肉及手指動作精細度。

聽覺

＊進行一場聽覺和視覺交融的音樂饗宴。讓孩子隨意探索、發揮創意，敲打每個杯子，發出不同音調；對音樂有基本概念的孩子，發現了高低音調後，可隨性敲打出自己的創作或簡單兒歌。

☆Tracy小叮嚀

＊讓孩子自由探索水杯的高低音調，父母不要介入其中。

＊無須急著敲打一首歌曲給孩子聽，請給予孩子自由創作的空間。

七感遊戲分析圖

彩虹玻璃音樂

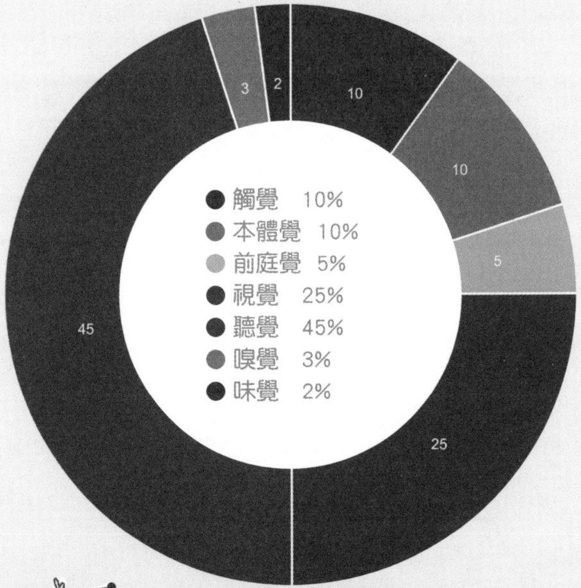

Chapter 9

嗅覺遊戲

嗅覺能影響孩子的生活習慣，幫助探測危險，
也深深牽動著孩子的情緒，
因此，刺激孩子的嗅覺是非常重要的課題。
孩子在幼兒時期須充分與媽媽相處，
感受媽媽愛的氣味，可增進安全感。
為了讓孩子有機會聞聞各種味道來認識這個世界，
父母可設計各種嗅覺遊戲，
無論是一起去菜市場認識食物的味道，
一同烘焙出自己最愛的麵包、蛋糕，
或是走一趟大自然認識植物，
都是能刺激嗅覺和增進親子關係的好方法。

遊戲1 香料聞聞看

孩子的嗅覺非常靈敏，因此對於新的氣味總是特別好奇。在孩子一整天的作息中，如果沒有特別準備，嗅覺的體驗可能只是停留在——家人們的氣味、飯菜的香味、日常玩具的味道……等。因此，建議父母可以突發奇想，主動介紹各種味道給孩子，藉以刺激嗅覺感官，讓孩子用鼻子更廣泛地了解生活周遭。

舉例來說：請孩子將眼睛閉起來，父母拿不同的水果，讓孩子猜猜是什麼水果的香味，或讓孩子聞聞不同香料，刺激嗅覺，提供豐富的體驗。

父母也可以帶孩子去公園賞花，去市場買香料，去動物園認識動物……如果我們將焦點放在氣味上，孩子就會不

知不覺地在這些地方進行嗅覺的探索。

此外，父母也可以發揮巧思，製作有氣味的玩具，讓孩子反覆地玩，反覆地嗅聞。孩子探索嗅覺的時間越長，就越能進入更深層嗅覺靈敏度的學習。

建議年齡：2～5歲

遊戲階段：獨自遊戲

遊戲種類：探索遊戲

髒兮兮程度：★★☆☆☆

遊戲的價值

- 認識各種氣味
- 強化嗅覺神經
- 促進自我學習
- 提高嗅覺靈敏度，更能掌控周遭環境
- 增進大腦功能
- 有助提升對空間的判斷力和敏銳度
- 有助辨識危險
- 學習新的字彙

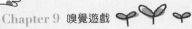

遊戲好好玩

香料聞聞看

☆遊戲準備

＊香料瓶（五個）

＊各類乾香料：肉桂、薑片、乾辣椒、青檸葉、檸檬草

☆遊戲步驟

①準備各類乾香料；找一些透明的胡椒罐或鹽罐，將香料一一放入瓶中。

②陪著孩子認識這些香料瓶罐，看看裡面的乾香料，並向孩子說明它們的用途。

③請孩子用小手指把瓶蓋打開，將鼻子對向洞口，問問孩子聞到了什麼，讓孩子動動腦，思考一下。如此，訓練小手指，也增加嗅覺輸入。

④陪孩子一起找出最喜歡的味道，用鼻子來探索，刺激嗅覺。

⑤在互動中，鼓勵孩子說出自己的嗅覺體驗，有助提升表達能力。

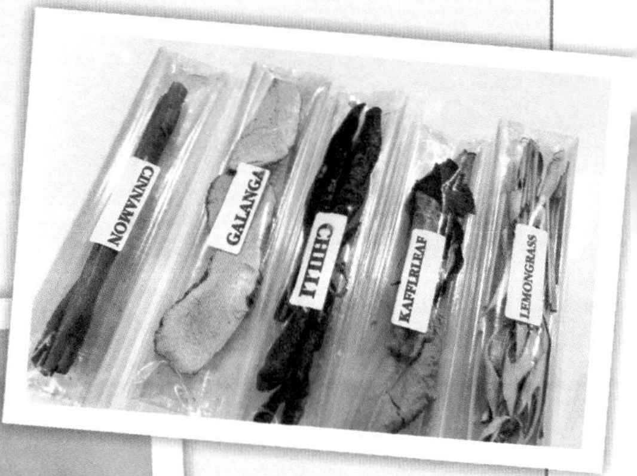

嗅覺

☆Tracy小叮嚀

*可選用尺寸適中、方便孩子小手抓握的香料瓶。

*製作嗅覺玩具時，請避免使用人工香精及化學製品（例如：香水、化學除臭劑、清潔劑等）。

*收藏自製的香味瓶，記得將瓶蓋鎖緊或封住瓶口，才能長期保存氣味。

七感遊戲分析圖

香料聞聞看

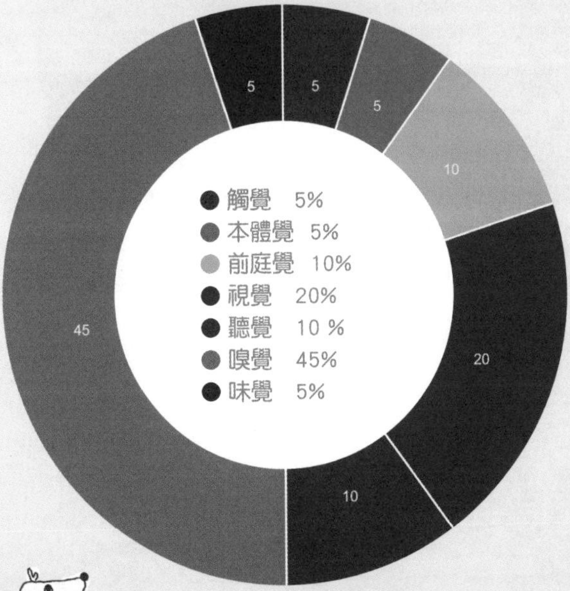

遊戲2 香味對對碰

在學校，孩子常常玩形狀配對或是顏色配對的遊戲。配對遊戲有助於孩子訓練記憶力，培養觀察力及邏輯思考能力。

一般來說，大部分的配對遊戲比較適合用視覺來分辨；但如果我們看不到，而只能聞得到氣味，看看孩子能不能只靠嗅覺聞出不同的香味。

根據研究報告顯示，當我們失去了一種感官，其他感官就會加倍地發揮。在生活中，父母除了可以將香味放入瓶中，供孩子盡情探索氣味之外，針對年紀較大的孩子，還可以提高難度，為了不讓孩子看見香味的線索和來源，可將精油滴在棉花上，再放入配對瓶準備聞香，和孩子一起展開一場嗅覺探索之旅。

建議年齡：2～8歲

遊戲階段：獨自遊戲、聯合遊戲

遊戲種類：探索遊戲

髒兮兮程度：★☆☆☆☆

遊戲的價值

- 增強記憶力
- 培養嗅覺敏感度
- 增強解決問題能力
- 訓練邏輯思考能力
- 提供孩子思考和推理的機會
- 吸取大自然氣味
- 探索植物的關聯性
- 增強手腕運用能力

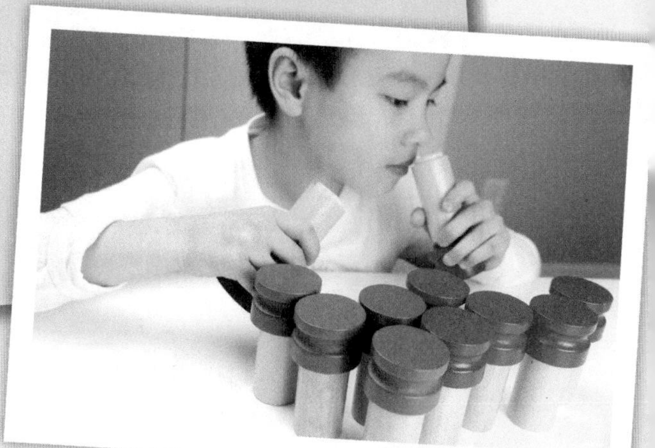

遊戲好好玩

香味對對碰

☆遊戲準備

*純精油：薰衣草、茶樹、玫瑰、薄荷、肉桂、甜橙（六種）

*聞香瓶（十二個）

*棉花

☆遊戲步驟

①依個人喜好，準備六種精油。打開瓶蓋，與孩子一起先認識這些氣味。

②把十二個聞香瓶分成六個一組，每一組分別為六種氣味。

③請孩子打開聞香瓶，在每個瓶裡放入一小搓棉花。

④讓孩子運用手腕力氣，扭開準備好的精油瓶。

⑤請孩子用手指與拇指捏著精油滴管，精

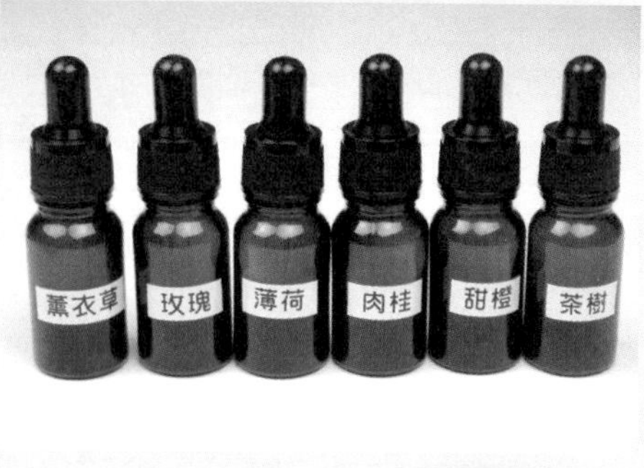

準地滴入精油；如此，可鍛鍊孩子的手眼協調能力，發揮小肌肉動作的精細度。

⑥當每一組聞香瓶都已經分別滴入六種精油，把聞香瓶重新組合擺放，讓孩子忘記剛剛的位置。

⑦現在就是測試孩子嗅覺靈敏度的時刻，看看他們的嗅覺辨識能力如何。

⑧在聞香的過程，孩子的大腦不斷運作、發揮認知功能，氣味傳送到大腦，仔細地分析及配對。

⑨邀請另一個孩子加入，一起分辨氣味，發揮合作精神，解決難題。

☆ Tracy小叮嚀

*記得選擇百分之百的純精油，避免用化學香水或香精，以免過於刺激鼻腔。

*精油只要兩三滴即可，以免太多嗆鼻。

*配對聞香瓶，可在蒙特梭利教具網站買到。

七感遊戲分析圖

香味對對碰

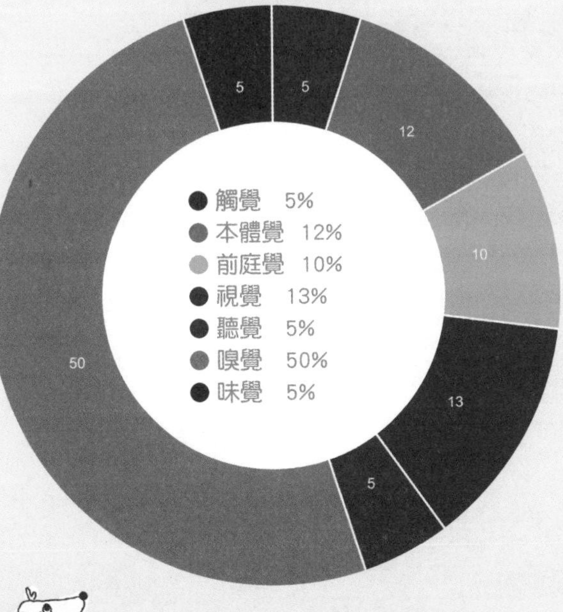

遊戲3 香料塗鴉

要刺激孩子的嗅覺，就要讓他「聞」。至於該如何讓孩子聞得開心、聞得有樂趣，就看父母的創意了！因此，設計嗅覺遊戲須多花些心思動動腦筋！

與其什麼東西都拿到孩子的鼻子邊讓他聞，不如讓這些味道融入孩子的遊戲中。舉例來說，在創意感官遊戲裡，玉米粉是常見的材料，它與麵粉的不同之處在於，麵粉加了水之後保持黏稠狀態，但玉米粉加了水之後，還能隨時變換狀態——靜置時，玉米粉沉澱至底，觸摸起來像固體；但再攪拌一下，又成為液體。對孩子來說，玉米粉真是神奇無比的玩意兒！

再說，玉米粉準備起來也非常簡單，只須選擇適合的容器，讓孩子自

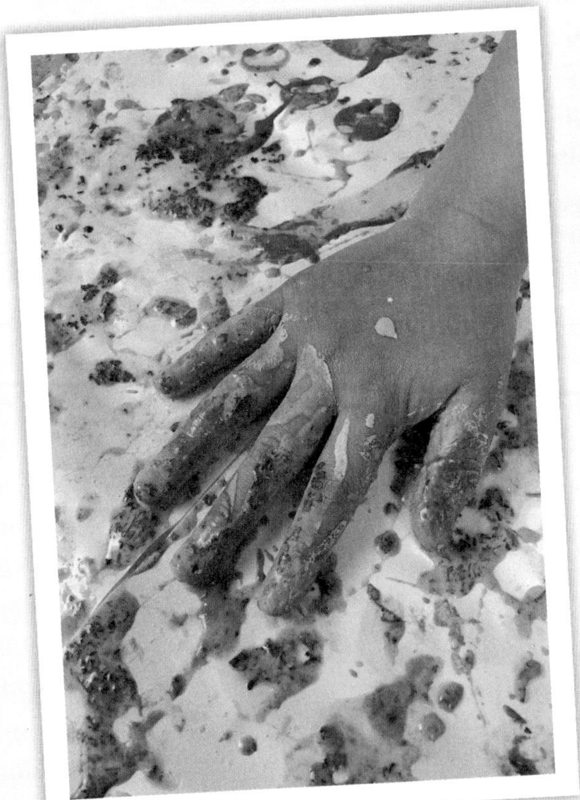

己將水和玉米粉混合在一起，接下來，就由他們慢慢去發掘其中的神奇之處。這時，如果再加入一些味道，就又多了一項感官刺激，也促進大腦積極發展。

建議年齡：2~8歲

遊戲階段：獨自遊戲、聯合遊戲

遊戲種類：探索遊戲、髒兮兮遊戲

髒兮兮程度：★★★★★

遊戲的價值

- 了解液體及固體的關聯性
- 提高嗅覺敏感度
- 刺激嗅覺感官
- 認識各種大自然氣味
- 增強觸覺敏銳度
- 舒緩及穩定情緒
- 發展小肌肉及動作精細度

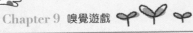

遊戲好好玩

香料塗鴉

☆遊戲準備

*各類煮食用的香料：紅胡椒粉、香菜粉、咖哩粉、羅勒粉
*玉米粉
*小碟子（放香料用）
*攪拌工具（湯匙）
*塑膠杯
*白紙

☆遊戲步驟

①將玉米粉平均分配到不同的小碟子；孩子手握湯匙時，能訓練手腕張力。
②鼓勵孩子自己扭開香料瓶蓋，練練小肌肉及手臂力量。
③請孩子聞聞每一瓶香料，並且說說這些香料的不同氣味，有助提升表達力。
④將不同香料加入已經分配好的玉米粉中，讓孩子發揮專注力，挑戰香料不外灑。
⑤讓孩子用湯匙慢慢地一勺一勺加入清水（只須加入少量水）；一邊加水，一邊攪拌，直到變成濃稠狀。
⑥另一攪拌方法，請孩子直接用手指攪拌，增加觸感刺激。
⑦攪拌完成後，確定香料不會四處飛散，再請孩子湊近一些，仔細聞一聞。
⑧等待香料、玉米粉均勻攪拌完成，就能開始塗鴉囉！
⑨玩得髒兮兮，是孩子最開心的一種玩

嗅覺

法，樂趣十足喔！

⑩香料塗鴉，亂得有美感，也飄散香味，大功告成！

☆Tracy小叮嚀

*選擇香料時，父母先聞一聞是否過於嗆鼻。

*請父母陪同孩子進行這項遊戲，以防孩子吸入過量香料粉，造成不適。

七感遊戲分析圖

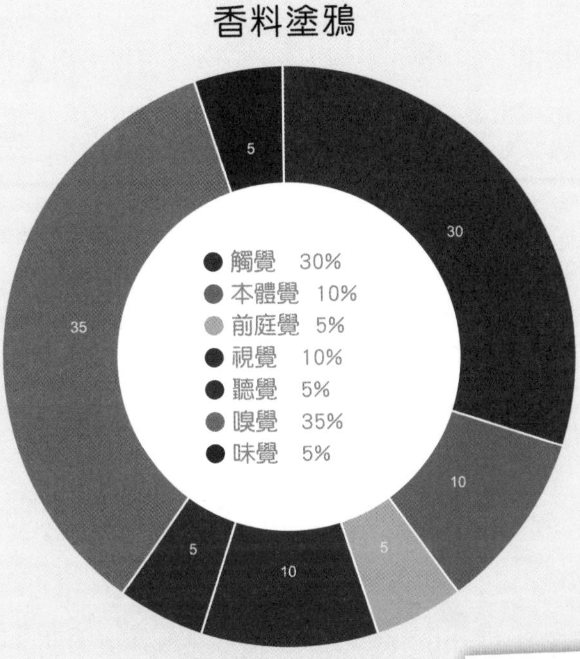

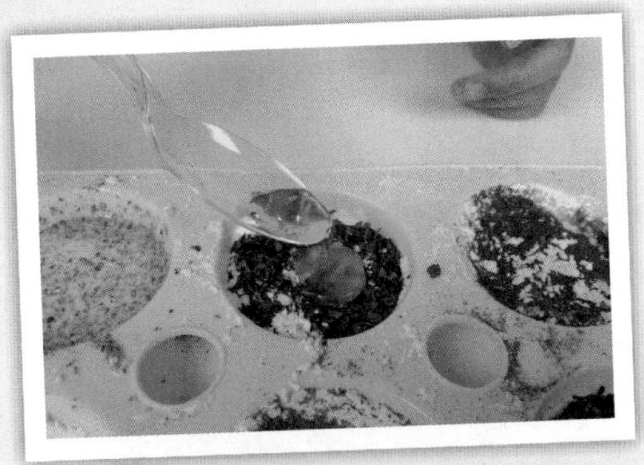

遊戲4 動手磨草藥

設計嗅覺遊戲相較於其他遊戲來得侷限許多，畢竟嗅覺不外乎就是「聞」，將任何有味道的東西湊近鼻子邊就搞定了。但如何激發孩子持續玩下去，用不同的遊戲來刺激嗅覺，就真的要多些巧思了！

記得小時候常跟媽媽去中藥店，在等待藥師磨藥粉的時候，總能聞到很濃的藥草味。當時一直對那個研磨器很感興趣，心想：為什麼藥師越是把藥草搗碎，那味道就越濃烈呢？真想玩看看……不過，媽媽總說玩那個研磨器可能會砸到自己的手、危險啦……索性還是不碰為妙。也因此，從小到大一直沒有機會碰那個研磨器。

如今，自己當了媽媽，理解那是有危險的；但與其阻止，不如教導孩子正確使用的方式，就能享受搗碎藥草、啟發嗅覺刺激的樂趣！

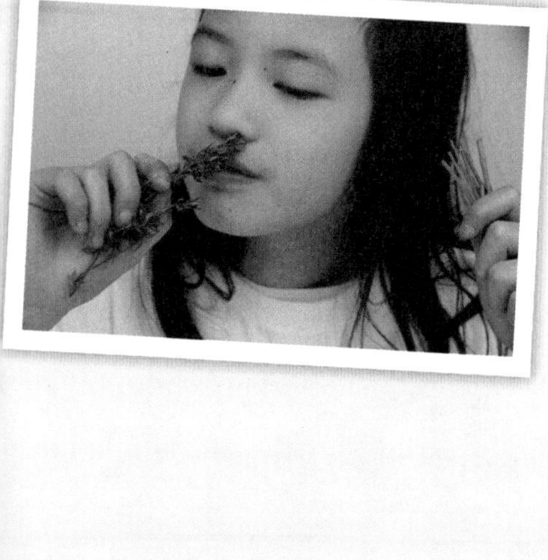

某天經過一間店，看到童年時很想「玩」的研磨器，二話不說就將它買了下來。這下，嗅覺遊戲又有新玩法了。於是下一站，馬上到了超市，買了平常烹飪會用的一些香草香料，回家與孩子一起學藥師玩搗碎。

這個遊戲的設計，不但能在搗碎香料的過程中，大量使用手臂的力量，增強大肌肉，也須專注於搗碎的方向及速度，提升手眼協調能力。直到香味飄出，孩子搖身一變成為小小藥師，玩起「混藥」遊戲囉！

建議年齡：3～8歲

遊戲階段：聯合遊戲、合作遊戲

遊戲種類：探索遊戲、社會戲劇遊戲、髒兮兮遊戲

髒兮兮程度：★★★★☆

遊戲的價值

- 培養嗅覺敏感度
- 增強解決問題能力
- 訓練邏輯思考能力
- 提升手臂大肌肉耐力
- 加強手眼協調能力
- 提供孩子推理的機會
- 認識多種香草氣味
- 探索植物的氣味
- 增強手腕運用能力
- 增加觸覺刺激

遊戲好好玩

動手磨草藥

☆遊戲準備

*各種香草：羅勒、迷迭香、百里香、韭菜、鼠尾草
*研磨器（搗碎器）
*分裝容器
*大盆子
*植物油
*黑胡椒

☆遊戲訣竅

*請孩子將香草分類，一片一片將葉子拔下來，或是切成小段，用小容器盛裝。
*孩子在拆解香草的過程中，也用到了小手指，加強小肌肉的運用。

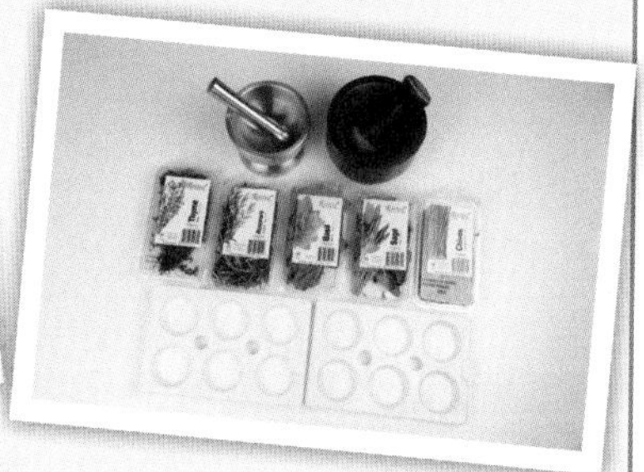

*請孩子仔細聞聞每一種香草的氣味，並觀察有哪些不同形貌呢？邀請孩子一邊探索，一邊與你分享他的發現。
*孩子可依自己的喜好，隨意將各種香草放入研磨器內搗碎。
*引導孩子留意，不同種類的香草混合在一起，是否有新的氣味出現？
*孩子們賣力地搗碎著香草，搭配快節奏的音樂，添增樂趣。
*兩個孩子各自混合著不同的香味，可以互相討論兩方的氣味有什麼不同。
*也可加入一些調味料，提味一下——扭轉黑胡椒罐，練練手腕張力，也提高嗅覺刺激。
*讓遊戲登上另一個高峰——加入植物油混合後，將它搗成草泥。
*將草泥放入大盆子，請孩子用手攪拌後，再

聞一聞，味道又更提升了。

*遊戲從嗅覺刺激提升到強烈的觸覺輸入。

☆Tracy小叮嚀

*孩子在進行搗碎時，父母須多加注意，請孩子將手遠離容器邊緣，放在研磨器兩側，以防受傷。

*父母扮演在旁協助及鼓勵者的角色，可用許多氣味的形容詞，引導孩子增加字彙學習。

七感遊戲分析圖

動手磨草藥

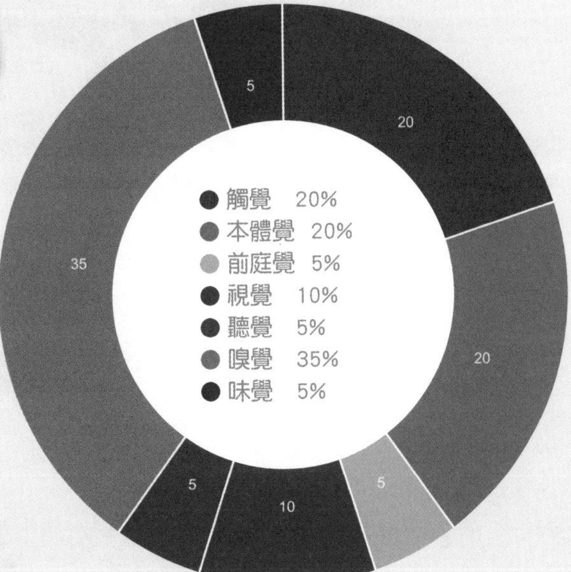

遊戲5

室內小花園

大部分公寓或大樓住家空間有限，較沒有機會種植花草；即使種些小盆栽，可能也不會讓孩子太靠近觸碰或玩耍。其實，種植花草樹木對孩子有許多好處，除了讓孩子嗅聞花草的不同氣味、學習植物的相關知識之外，還能培養孩子的觀察力，增加耐心。再說，照顧花苗也需要責任感，陪孩子一起按時澆花，孩子也能漸漸培養出生活的規律感。

父母只要用點心思，就可以將種植花草的過程設計成一項遊戲——先給予孩子空間去認識土壤與花卉，提供他們工具和花盆，陪著孩子邊聞花草邊種植，樂趣十足！打造室內小花園，不急於收到成果，過程中的樂趣，才是最大的學習。

遊戲的價值

- 刺激嗅覺感官
- 認識大自然
- 加強計畫能力
- 增進解決問題能力
- 訓練邏輯思考能力
- 提升手臂肌肉耐力
- 加強手眼協調能力
- 培養觀察力及責任感
- 訓練手腕力道
- 提升自信心

建議年齡：2～8歲

遊戲階段：聯合遊戲、合作遊戲

遊戲種類：探索遊戲

髒兮兮程度：★★★☆☆

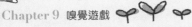

遊戲好好玩

室內小花園

☆遊戲準備

＊種植土壤

＊各種花卉植栽

＊大、小花盆

＊園藝工具

＊各種昆蟲玩具

＊小石子

☆遊戲步驟

① 準備大盆子，讓孩子運用上臂力量，將泥土倒入盆中。

② 邀請孩子把泥土抓鬆，並充分填入大盆中；過程中可聞到濃濃的土香味，刺激嗅覺。

③ 孩子將泥土一把把抓起，訓練小手的抓握能力。

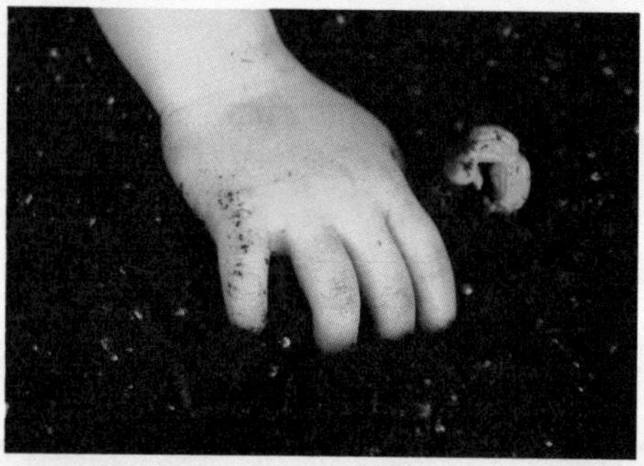

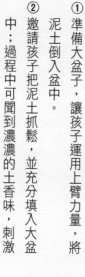

④放入各類花卉植栽，讓孩子仔細聞看看——不同花的不同氣味，深層刺激嗅覺感官。

⑤在小花盆中加入泥土，過程中，孩子用小手擠壓，訓練上身肌肉張力，加強本體覺。

⑥給予各類小工具，讓孩子發揮創造力，用自己的方法種植花卉。

⑦添增一些花園會出現的玩具小昆蟲，讓孩子發揮想像力，進行角色扮演，編編故事。

⑧孩子認真種植花草、鏟土放入花盆時，可加強手眼協調能力及專注力。

⑨孩子可利用小石子發揮創意，進行排列，為小小花圃增添美感及設計感。

⑩當孩子親手完成了一盆盆的小植栽，無形中帶來成就感，也增加了自信心。

☆ Tracy小叮嚀

＊孩子使用園藝工具時，請父母陪在身邊，以確保安全。

＊孩子雙手觸碰泥土時，避免揉眼睛，請父母多加留意，以免傷眼。

七感遊戲分析圖

室內小花園

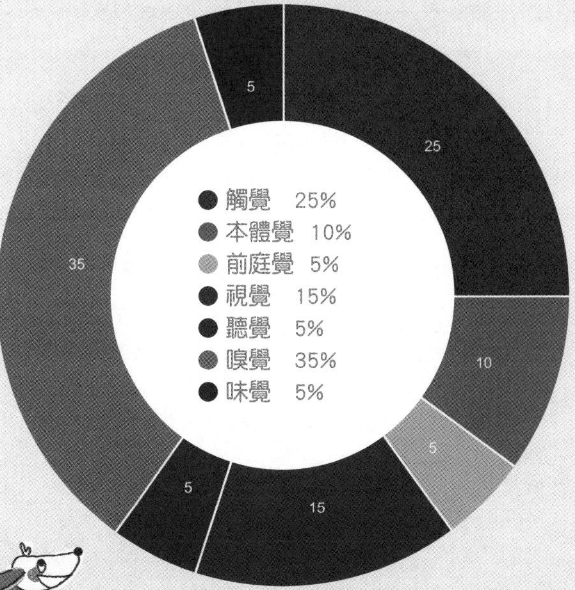

Chapter 10

味覺遊戲

味覺是人類生存的主要感官之一，
對於孩子的飲食健康及情緒發展影響極大，
佔據非常重要的地位。
味覺若是發展不良，
會引發孩子偏食、厭食或營養不均衡，
甚至造成情緒不穩定。
再說，口腔的味覺，也對孩子的咀嚼發展相當重要，
若咀嚼肌肉發展不良，會影響到孩子的語言能力。
爸媽須幫助孩子與食物建立正向且良好的關係，
孩子才能健康地成長。

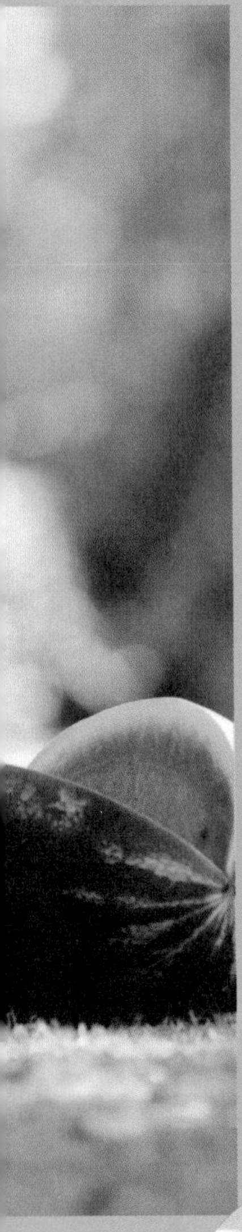

遊戲1 試試酸甜苦

孩子出生後，味覺發展迅速，仰賴舌頭的味覺來學習，並認識這個世界。當孩子四、五個月大時，我們開始給他吃副食品——爸媽嘗試給予各種不同的食物，讓孩子認識多種味道，學著接受各種口味；孩子也藉由這些味道，刺激味覺，分辨喜好。

孩子早期的飲食不宜太刺激，但大約過了十八個月之後，可嘗試「酸甜苦辣」這樣較為強勁的味覺刺激，能促進大腦感覺分化的成熟。初期，爸媽可準備各種味道強烈的食物，放入盤中，讓孩子自由探索——摸摸看、聞聞看，或拿起來嚐嚐滋味；當孩子熟悉這些味道之後，再替換更多不同滋味的食物，增進味覺的刺激。對於年紀大一些的孩子，可提供相近的食物，以提高分辨味道的難度。

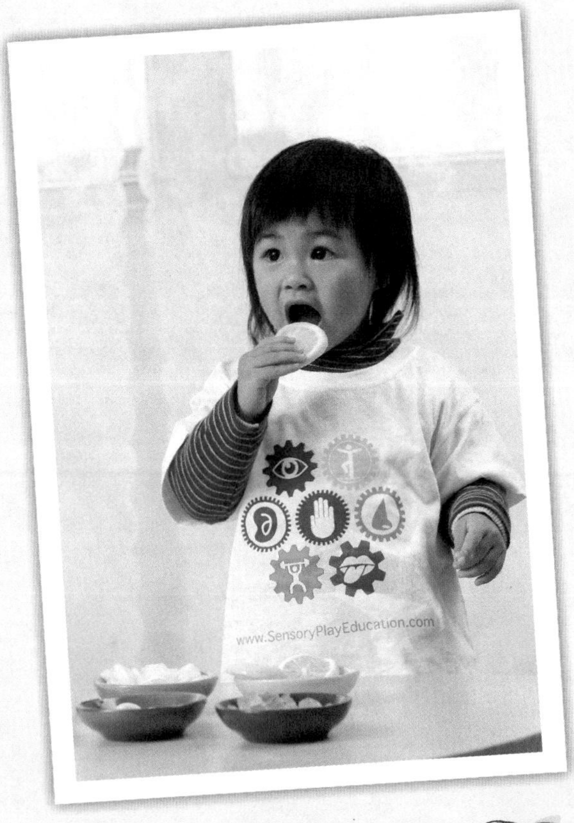

建議年齡：8個月～5歲

遊戲階段：獨自遊戲

遊戲種類：探索遊戲

髒兮兮程度：★★☆☆☆

遊戲的價值

- 認識各種味道
- 提高味覺敏感度
- 增進孩子對食物的反應能力
- 讓孩子發揮想像力
- 提升孩子分辨食物的能力
- 培養食物聯想力
- 加強口腔肌肉
- 增進咀嚼能力
- 有助語言發展

遊戲好好玩

試試酸甜苦

☆遊戲準備

＊酸甜苦食材：檸檬、蘋果、冰糖、薑片、蒜片

☆遊戲訣竅

＊將各類食材切成小塊，方便孩子放入口中咀嚼。

＊鼓勵孩子試著嚐嚐各種食物的味道。

＊爸媽在旁陪同孩子認識這些食材名稱，協助孩子將字彙與味道作連結。

＊鼓勵孩子分享品嚐不同食物的感覺。

＊在品嚐每一種味道之間，可以喝溫開水沖淡上一種味道。

＊當孩子品嚐不同味道時，觀察他們臉部的表情及情緒反應。

味覺

☆ Tracy 小叮嚀

＊如果孩子極度不喜歡某種食物，而出現情緒反應，請趕緊停止，以免孩子未來對該項食物產生抗拒。

＊爸媽用溫柔正面的言語，鼓勵孩子嘗試不同食物，千萬不要強迫孩子，以免產生反效果。

＊提供安靜的環境，讓孩子專注地品嚐食物的味道。

七感遊戲分析圖

試試酸甜苦

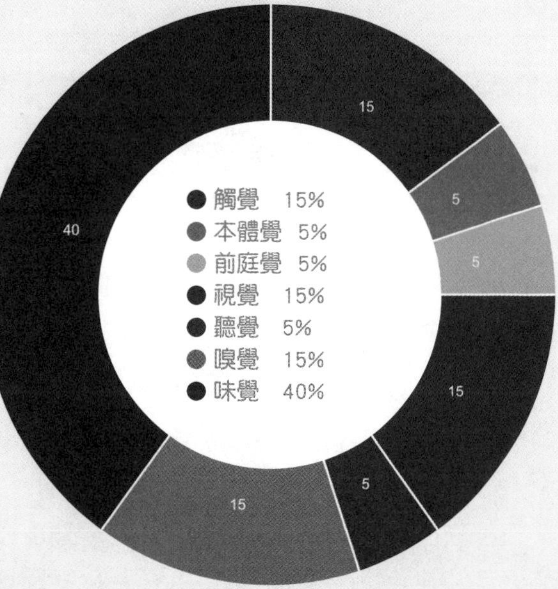

遊戲2 蒙眼水果猜

人的五個感官需要互相溝通、連結順暢，才能發揮作用。如果少了一個感官的運作，其他感官就需要強化、更加敏銳，以彌補不足。隨著孩子長大，對於各種食物有了更深層的認識，這時，可以提高味覺遊戲的難度，讓孩子蒙著眼來試吃食物——關掉視覺，嗅覺和味覺必然更加敏銳。

「蒙眼水果猜」這個遊戲，除了增加食物的神祕感之外，也讓孩子專注地用味道來分辨食物——動動腦，回想過去食用的經驗，串起回憶，憑著大量的味覺輸入，看看能否猜出是哪種食物。過程中，孩子必須全神貫注地咀嚼著、想像著，腦力激盪出最正確的答案。

建議年齡：2～8歲

遊戲階段：合作遊戲

遊戲種類：探索遊戲

髒兮兮程度：★★☆☆☆

遊戲的價值

- 培養味覺敏感度
- 加強嗅覺能力
- 刺激腦力運作
- 增強解決問題的能力
- 提供邏輯思考和推理的機會
- 提升專注力
- 加強分辨食物的能力
- 訓練口腔肌肉
- 增進咀嚼能力

遊戲好好玩

蒙眼水果猜

☆遊戲準備

＊各類水果：蘋果、香蕉、柳橙、奇異果

＊盤子

＊布條（蒙眼用）

☆遊戲步驟

① 媽媽先與孩子溝通遊戲規則，讓孩子對於「蒙眼」有心理準備。

② 幫孩子綁上蒙眼布條，關掉視覺。接著，讓孩子形容一下蒙著眼的感覺，加強表達能力。

③ 進行第一階段的猜測，把整顆水果拿起來聞一聞，先讓嗅覺發揮功用。

④ 再把切好的水果放入孩子口中，請孩子細嚼慢嚥，並說出水果名稱。也可以請孩子分享最後一次食用這個水果的記憶，加強味覺記憶連結。

⑤ 請孩子專注在咀嚼的過程，接著說出水果的質感及口感，練習運用不同詞彙，也增加口腔肌肉的運用。

⑥ 孩子如果答不出來，可用引導的方式給予提示，讓孩子進入腦部記憶區，從過往的經驗中找出答案。

⑦ 在品嚐不同水果之間，請孩子喝幾口溫水沖淡味道，再試吃下一種水果。

⑧ 當孩子一一回答成功，再揭開蒙眼布條，啟動視覺。啟動視覺後，請孩子分享看得見與看不見的差別。

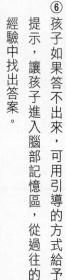

七感遊戲分析圖

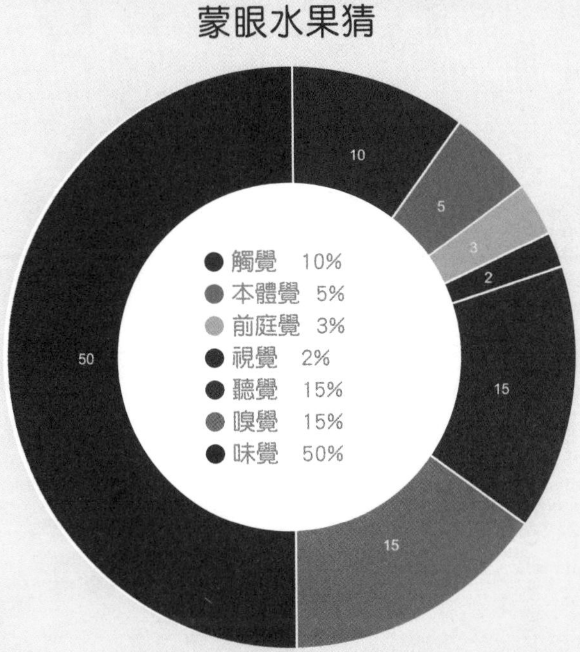

☆ Tracy小叮嚀

＊遊戲過程中，非常需要爸媽的引導，一邊與孩子對話，一邊安撫失去視覺的不安全感。

＊準備的食物，口味差異性越小，分辨的難度越高，請依孩子的年紀斟酌——年紀小的孩子，可用不同類型的食物；年紀稍大的孩子，可準備味道相似的食物，增加難度。

遊戲3

藝術水果拼貼

孩子在學校的勞作常常有拼貼的練習——利用教室內的碎紙，或是老師提供的小物件，拼貼出各式各樣的圖案；這樣的遊戲，不但能激發孩子的創造力、組織力，還能加強手眼協調能力。

如果改用食物來進行拼貼遊戲，不但有著與普通拼貼一樣的遊戲價值，在進行遊戲準備時，還可邀請孩子參與，讓孩子體驗切水果，藉此訓練專注力和手眼協調能力；而將水果分類時，也提升了組織能力。

「藝術水果拼貼」這個遊戲，不僅添加了味覺的刺激，也在拼貼水果的過程，孩子邊吃邊玩，邊吃邊拼貼，既滿足了味覺，一幅幅美麗的水果拼貼也帶給孩子極大的成就感。

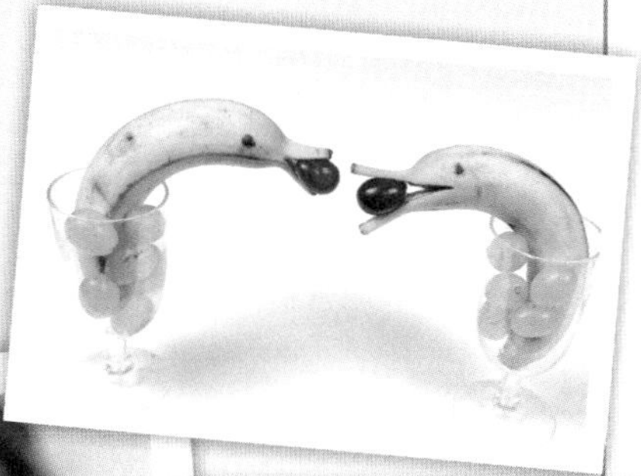

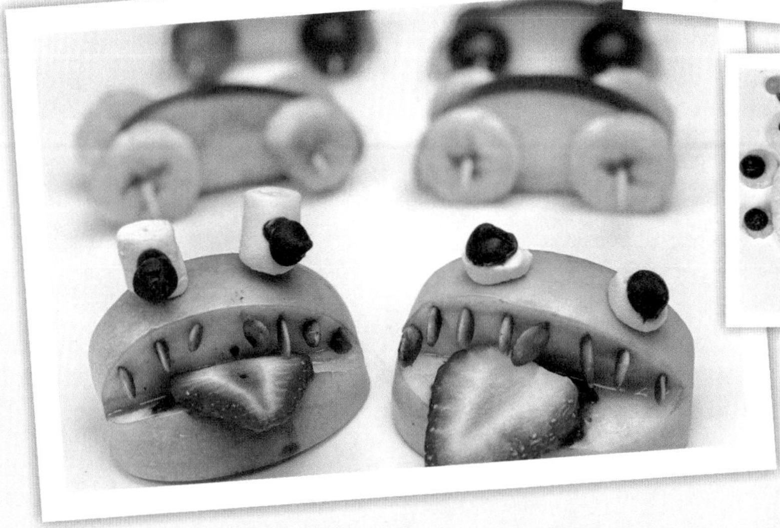

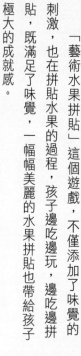

建議年齡：5～8歲

遊戲階段：聯合遊戲、合作遊戲

遊戲種類：創造性遊戲、髒兮兮遊戲、建構遊戲

髒兮兮程度：★★★★☆

遊戲的價值

- 增進味覺敏銳度
- 培養藝術氣息
- 訓練手部小肌肉
- 加強視覺記憶力
- 發揮創造力及想像力
- 訓練組織能力
- 增進手眼協調能力
- 提升觸覺感
- 舒緩及穩定情緒
- 發展小肌肉及動作精細度
- 訓練思考能力
- 提升專注力
- 加強解決問題的能力

遊戲好好玩

藝術水果拼貼

☆遊戲準備

*各類水果：香蕉、葡萄、蘋果、柳橙、草莓

*材料：葡萄乾、巧克力碎片、棉花糖、南瓜籽

*其他：刀子、盤子、牙籤

☆遊戲步驟

①遊戲開始之前，請孩子洗手，保持清潔。

②準備各類水果，陪孩子小心地將水果切塊，有助提升專注力與手眼協調能力。

③跟孩子一起討論水果拼貼設計，再決定各類水果的切法，發揮組織計畫能力。

④將會用到的水果片分類，並擺放在盤中，以供拼貼使用。

⑤切碎後，一些不會用到的水果碎塊，鼓勵孩子食用，以免浪費。

⑥讓孩子自由地拼貼，發揮創造力和想像力。可利用蘋果做車身，葡萄或香蕉切片當輪子，再用手指拿起牙籤，拼接成一台小車子，藉此訓練手指小肌肉。

⑦把香蕉頭切開，放進半顆葡萄，再加上一顆巧克力眼睛，馬上變身成海豚。

⑧將四分之一的蘋果切個缺口，讓孩子仔細地將一顆顆南瓜籽插入蘋果當作牙齒，再將切片的草莓作為舌頭，最後加

上棉花糖和巧克力碎片畫龍點睛，一個張牙的小怪獸就出現了！過程中，孩子進行這些精細的小手指動作，有助訓練專注力。

⑨一片片蘋果，不僅可以排列成毛毛蟲，也能變出大螃蟹，組合千變萬化，等著孩子發揮創造力。或者，也可利用許多水果碎片拼出蝴蝶、貓頭鷹，以及各式各樣的昆蟲。

⑩孩子在玩樂的過程中，不知不覺吃下許多水果，有益健康，也增加味覺刺激。

☆Tracy小叮嚀

＊處理食材前，請洗手，注意衛生。

＊使用刀子時，爸媽在旁協助孩子正確使用方法，以防切到手。

七感遊戲分析圖

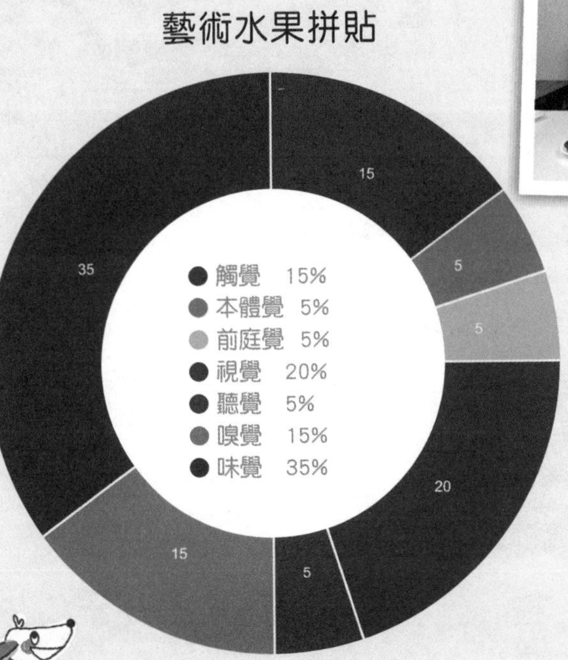

遊戲4 彩虹冰沙

天氣炎熱，孩子最愛吃冰消暑，與其出去買，不如自己製作健康、衛生又色彩豐富的彩虹冰沙吧！

在家DIY製冰一點都不難，只要利用不同顏色的水果，就可以做出色彩鮮豔的彩虹冰沙。彩虹冰沙除了美觀、好吃之外，過程中切水果的動作，可以讓孩子練習手指小肌肉，還能仔細觀察每一種水果的外形、香氣和色澤；攪拌水果冰沙時，孩子可以學習並了解電動攪拌機的運作。而一層層的顏色堆疊，更能鍛鍊手眼協調。最後，只要再點綴一些果粒或水果切片更添風味，讓孩子在夏天可以健康地刺激味覺，也讓「吃水果」變得更有趣且令人期待喔！

味覺

建議年齡：3～8歲

遊戲階段：合作遊戲

遊戲種類：創造性遊戲、探索遊戲

髒兮兮程度：★★☆☆☆

遊戲的價值

- 加強味覺感官刺激
- 發展小肌肉及動作精細度
- 訓練手部小肌肉
- 發揮創造力及想像力
- 練習視覺追蹤能力
- 增進手眼協調能力
- 提升觸覺及視覺感官
- 舒緩及穩定情緒
- 訓練思考力
- 提升專注力
- 認識各類水果

遊戲好好玩

彩虹冰沙

☆遊戲準備

*各色水果：草莓、桑椹、蘋果、芒果、香蕉、奇異果、藍莓

*其他：盤子、水果刀、刨皮刀、攪拌機、玻璃杯、湯匙、砧板、冰塊

☆遊戲步驟

①準備好各項工具，請孩子就位，爸媽示範如何切水果，讓孩子從旁觀摩學習。

②孩子發揮專注力切水果，利用手眼協調能力瞄準並下刀。

③把切好的水果放入盤中，孩子在過程中了解不同水果有不同的削法或切法。

④在準備每一種水果時，可以進行機會教育，請孩子注意每種水果的味道——先聞後嚐，同時刺激嗅覺及味覺。

⑤在邊吃邊切的過程，孩子也了解每種水果的構造，增加知識。

⑥備好水果後，開啟攪拌機，加入第一種顏色的水果。

⑦加入適量冰塊，給予孩子主導權，讓孩子按下攪拌機按鈕，仔細觀察水果與冰塊在攪拌中的變化。

⑧攪拌完成後，把冰沙倒入玻璃杯中，靜待一會兒使用。

⑨選擇另一種水果，重複步驟⑥～⑧。

⑩讓孩子吃吃看固體質地的水果，以及打成冰沙後，嚐起來各有什麼不同。

⑪所有水果攪拌完成後，排成一列，即完成六杯彩色冰沙製作。

⑫正是發揮創意的時候！看看孩子如何用不同顏色堆疊出自己的彩虹冰沙。

⑬孩子須發揮超高的視覺追蹤能力，用湯匙舀一勺不同顏色的冰沙，放入杯中，重複同樣步驟直到完成彩虹疊層。

⑭孩子的每一杯傑作都是獨一無二！再放上水果粒或水果切片點綴，大功告成啦！

⑮品嚐彩虹冰沙，一層一層吃，或是混在一起吃都可以。這款好看又美味的冰沙，讓孩子自行用有趣的方式吃它吧！

☆Tracy小叮嚀

＊切水果時，爸媽在旁協助，以保安全。

＊操作攪拌機時，爸媽給予空間讓孩子嘗試，享受成就感。

七感遊戲分析圖

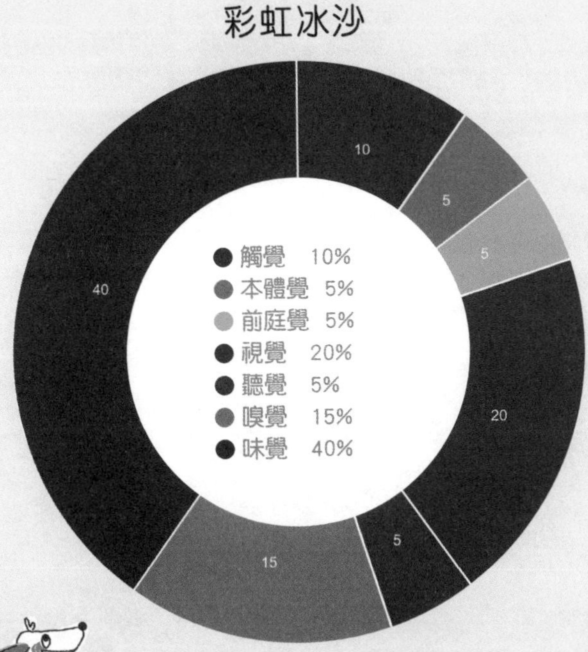

遊戲5

吃水果學數學

孩子在學校若遇到教學方式不活潑的老師，學習起來難免提不起勁，覺得乏味，甚至拒絕學習；但如果老師用一些有趣的方式教學，孩子在玩樂之中，不知不覺地把知識記在腦海裡，學習相對容易許多。

數學本是一門複雜的知識。要引導孩子認識「整個、一半、四分之一、八分之一」的概念有很多種，一般可以玩拼圖學習，或是切派學習，這些方式都寓教於樂。

除此之外，我們可以來點更好玩的！用切水果來練習，不但可以學習到數學概念，也能認識不同水果的構造——從果皮、果籽到果肉，都是可以學習的範疇。

再說，一邊吃一邊玩，運用多重感官玩樂，都讓學習更加有趣！

建議年齡：2～8歲

遊戲階段：聯合遊戲、合作遊戲

遊戲種類：探索遊戲、髒兮兮遊戲

髒兮兮程度：★★★★☆

遊戲的價值

- 加強味覺感官刺激
- 認識各類水果構造
- 發展小肌肉及動作精細度
- 學習數學概念
- 增進手眼協調能力
- 提升觸覺及視覺感官
- 舒緩及穩定情緒
- 訓練思考能力
- 提升專注力

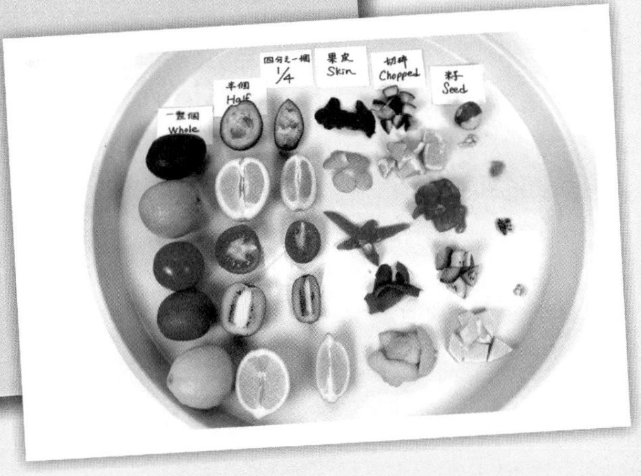

遊戲好好玩

吃水果學數學

☆遊戲準備

*各類水果：奇異果、番茄、柳橙、酪梨、檸檬

*其他：紙卡、奇異筆、大盤子

☆遊戲訣竅

*和孩子一起準備水果，用不同形式呈現——整個、半個、果皮、切碎、果籽。過程中，跟孩子說明不同水果的外形特色、風味差異，也請孩子仔細觀察其不同。

*每種水果的內部都不一樣，請孩子說出哪些水果類似，哪些水果完全不同呢？例如：柳橙與檸檬的果皮和籽相似，但是奇異果、番茄、酪梨和其他水果各方面都不一樣。

*把字卡寫好——整個、半個、四分之一、果皮、切碎、籽，分別放在不同水果排列的頂端；接著，請孩子們把切好的水果，依照字卡排列出來，學習數學概念。

*爸媽在排列的過程中，繼續引導孩子觀察細節——由爸媽出題，孩子們回答。例如：這些水果中，哪一種果皮最厚或最薄？哪一種果肉最軟或最硬？哪一種水果的籽最大或最小？哪一種水果，最甜或最酸？

*請孩子捏捏看、壓壓看、聞聞看、吃吃看，然後仔細思考怎麼回答；過程中，不但刺激觸覺及嗅覺，也加強觀察力及思考能力。

*最後，讓孩子自由探索各式各樣的水果，並尋找更多發現。

☆ Tracy 小叮嚀

*選擇水果時，盡量找差異性較大的，才容易看出不同。

*爸媽只要留意避免孩子誤食果核就好，其餘請放手讓孩子隨性地玩——玩得越瘋，學習越快樂！

七感遊戲分析圖

吃水果學數學

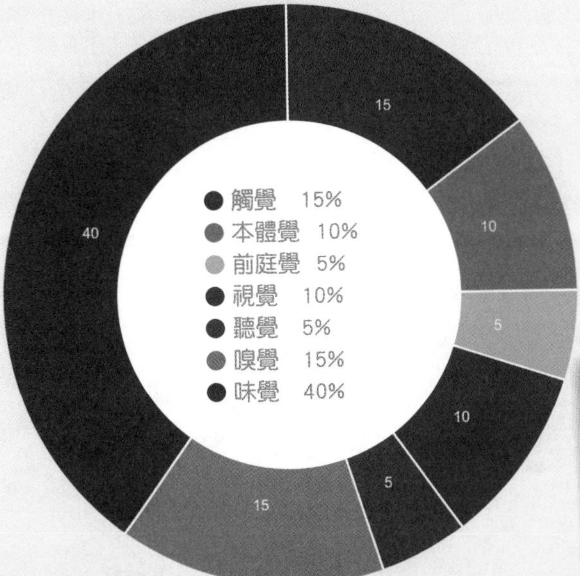

致謝！讓「七感遊戲」進入家庭和校園

《七感遊戲教養》這本書終於誕生了！從開始構思到出版，竟然已整整四年。從香港，寫到了台灣，再寫到溫哥華，文中的小模特兒都從嬰兒到如今已經上幼兒園了，而我也繞了地球一圈，搬回溫哥華居住，在原本忙碌的家庭生活與廣播工作之餘，努力地找機會編寫這本書的內容。期間，經歷了無數次的遊戲設計、遊戲分類、遊戲篩選、遊戲執行與遊戲拍攝；拍攝完成的「七感遊戲」多達一百多種，工程非常浩大。參與的專業幼教人員及拍攝的家庭橫跨了香港、台灣和加拿大，一共有三十六個家庭，人數將近一百五十人。很感謝這些家庭當初二話不說的支持，也一直持續協助我推廣「七感遊戲教養」理念。

除此之外，也感謝書中撰寫序文和推薦短文的幼教夥伴們和好朋友們，在百忙之中抽空分享對於「七感遊

戲」的專業知識；有了你們，讓這本書更加豐富。

非常幸運地，這一路上都有著貴人相助。當初想寫一本有關「七感遊戲」的書，那時連出版社都還沒著落。但是幸運地，與日月文化集團的「大好書屋」聯繫上，與他們分享我對「七感遊戲」的熱情。接下來簽約後，開始漫長的寫作，也讓「大好」久等了。最後終於交稿，開始進行潤文、設計、排版、校對，這些都需要有非常細心的編輯與美編來執行，由衷感謝。當我收到初版排版檔的時候，都快哭了！實在是太美了！內頁的小小細節，邊框的設計，都幫我的內文大大加分！中文不是頂好的我，有著細心的主編美玲，幫忙我確認一切。另外，也有柏瑩協助書的宣傳與行銷，我只能說，有你們，我好幸運！

最後，希望有小小孩的你，可以運用書裡的「七感遊戲」，陪著孩子度過快樂每一天；也希望有機會，與你分享更多更精采的「七感遊戲」，讓它在家庭和校園扎根、開花！

陳婧

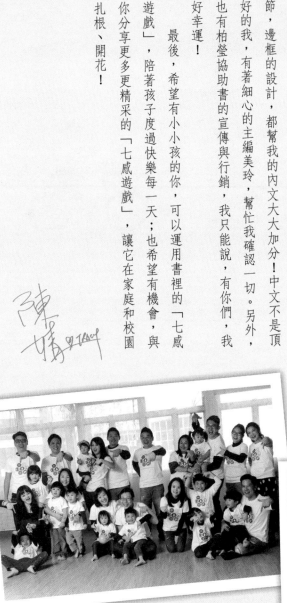

國家圖書館出版品預行編目資料

七感遊戲教養：50個遊戲提案 X 105個啟發感官技巧，提升幼兒專注力、協調力、社交力，越玩越聰明！／陳婧（Tracy）著. -- 初版. -- 臺北市：日月文化，2020.08
352面；16.7 X 23公分. –（高EQ父母；81）
ISBN 978-986-248-904-8（平裝）
1.兒童遊戲 2.學前教育
523.13 109009943

高EQ父母 81

七感遊戲教養

50個遊戲提案×105個啟發感官技巧，提升幼兒專注力、協調力、社交力，越玩越聰明！

作　　者：陳婧．Tracy
主　　編：謝美玲
封面設計：三人制創
美術設計：林佩樺

發 行 人：洪祺祥
副總經理：洪偉傑
副總編輯：謝美玲
法律顧問：建大法律事務所
財務顧問：高威會計師事務所
出　　版：日月文化出版股份有限公司
製　　作：大好書屋
地　　址：台北市信義路三段151號8樓
電　　話：(02)2708-5509　傳真：(02)2708-6157
客服信箱：service@heliopolis.com.tw
網　　址：www.heliopolis.com.tw
郵撥帳號：19716071 日月文化出版股份有限公司

總 經 銷：聯合發行股份有限公司
電　　話：（02）2917-8022　傳　　真：（02）2915-7212
印　　刷：禾耕彩色印刷事業股份有限公司
初　　版：2020年08月
初版十五刷：2023年04月
定　　價：420元
I S B N：978-986-248-904-8

★特別感謝
序文翻譯：陳婧、蔡善琪Kiki
七感教具贊助：「童心園」http://www.weplay.com.tw
七感幼教團隊：許潔心、鮑正敏、黃穎纈、莫兆彤、馮熙雯
攝影：陳婧、徐繼宗、查英瑞、陳嘉業Ken Chan、紅人、
Ben Li@HarmonyPhotography、邵子裕＆陳翠瑩@映象社
攝影空間：Attic80（延平北路社子）．Attic80House（陽明山）～LINE ID: @attic80
部分圖片來源：Shutterstock

生命，
因家庭而大好！